宏观经济学与中国政策

颜色　郭凯明◎著

图书在版编目(CIP)数据

宏观经济学与中国政策/颜色,郭凯明著. —北京:北京大学出版社,2020.7
(光华思想力书系·教材领航)
ISBN 978-7-301-31383-1

Ⅰ.①宏… Ⅱ.①颜… ②郭… Ⅲ.①中国经济—宏观经济—经济政策—高等学校—教材 Ⅳ.①F120

中国版本图书馆 CIP 数据核字(2020)第 106774 号

书　　　名	宏观经济学与中国政策 HONGGUAN JINGJIXUE YU ZHONGGUO ZHENGCE
著作责任者	颜　色　郭凯明　著
责 任 编 辑	王　晶
标 准 书 号	ISBN 978-7-301-31383-1
出 版 发 行	北京大学出版社
地　　　址	北京市海淀区成府路 205 号　100871
网　　　址	http://www.pup.cn
微信公众号	北京大学经管书苑(pupembook)
电 子 信 箱	em@pup.cn
电　　　话	邮购部 010-62752015　发行部 010-62750672　编辑部 010-62752926
印 刷 者	河北滦县鑫华书刊印刷厂
经 销 者	新华书店
	730 毫米×1020 毫米　16 开本　16.25 印张　258 千字 2020 年 7 月第 1 版　2023 年 1 月第 4 次印刷
定　　　价	48.00 元

未经许可,不得以任何方式复制或抄袭本书之部分或全部内容。
版权所有,侵权必究
举报电话:010-62752024　电子信箱:fd@pup.pku.edu.cn
图书如有印装质量问题,请与出版部联系,电话:010-62756370

丛书编委会

顾 问

厉以宁

主 编

刘俏

编 委(以姓氏笔画排列)

王 辉	王汉生	刘晓蕾	李 其	李怡宗
吴联生	张圣平	张志学	张 影	金 李
周黎安	徐 菁	龚六堂	黄 涛	路江涌
		滕 飞		

丛书序言一

很高兴看到"光华思想力书系"的出版问世,这将成为外界更加全面了解北京大学光华管理学院的一个重要窗口。北京大学光华管理学院从1985年北京大学经济管理系成立,以"创造管理知识,培养商界领袖,推动社会进步"为使命,到现在已经有三十余年了。这三十余年来,光华文化、光华精神一直体现在学院的方方面面,而这套"光华思想力书系"则是学院各方面工作的集中展示,同时也是北京大学光华管理学院的智库平台,旨在立足新时代,贡献中国方案。

作为经济管理学科的研究机构,北京大学光华管理学院的科研实力一直在国内处于领先位置。光华管理学院有一支优秀的教师队伍,这支队伍的学术影响在国内首屈一指,在国际上也发挥着越来越重要的作用,它推动着中国经济管理学科在国际前沿的研究和探索。与此同时,学院一直都在积极努力地将科研力量转变为推动社会进步的动力。从当年股份制的探索、证券市场的设计、《证券法》的起草,到现在贵州毕节试验区的扶贫开发和生态建设、教育经费在国民收入中的合理比例、自然资源定价体系、国家高新技术开发区的规划,等等,都体现着光华管理学院的教师团队对中国经济改革与发展的贡献。

多年来,北京大学光华管理学院始终处于中国经济改革研究与企业管理研究的前沿,致力于促进中国乃至全球管理研究的发展,培养与国际接轨的优秀学生和研究人员,帮助国有企业实现管理国际化,帮助民营企业实现管理现代化,同时,为跨国公司管理本地化提供咨询服务,从而做到"创造管理知识,培养商界领袖,推动社会进步"。北京大学光华管理学院的几届领导人都把这看作自己的使命。

　　作为人才培养的重地，多年来，北京大学光华管理学院培养了相当多的优秀学生，他们在各自的岗位上作出贡献，是光华管理学院最宝贵的财富。光华管理学院这个平台的最大优势，也正是能够吸引一届又一届优秀的人才的到来。世界一流商学院的发展很重要的一点就是靠它们强大的校友资源，这一点，也与北京大学光华管理学院的努力目标完全一致。

　　今天，"光华思想力书系"的出版正是北京大学光华管理学院全体师生和全体校友共同努力的成果。希望这套丛书能够向社会展示光华文化和精神的全貌，并为中国管理学教育的发展提供宝贵的经验。

北京大学光华管理学院名誉院长

丛书序言二

"因思想而光华。"正如改革开放走过的40年,得益于思想解放所释放出的动人心魄的力量,我们经历了波澜壮阔的伟大变迁。中国经济的崛起深刻地影响着世界经济重心与产业格局的改变;作为重要的新兴经济体之一,中国也越来越多地承担起国际责任,在重塑开放型世界经济、推动全球治理改革等方面发挥着重要作用。作为北京大学商学教育的主体,光华管理学院过去三十余年的发展几乎与中国改革开放同步,积极为国家政策制定与社会经济研究源源不断地贡献着思想与智慧,并以此反哺商学教育,培养出一大批在各自领域取得卓越成就的杰出人才,引领时代不断向上前行。

以打造中国的世界级商学院为目标,光华管理学院历来倡导以科学的理性精神治学,锐意创新,去解构时代赋予我们的新问题;我们胸怀使命,顽强地去拓展知识的边界,探索推动人类进化的原动力。2017年,学院推出"光华思想力"研究平台,旨在立足新时代的中国,遵循规范的学术标准与前沿的科学方法,做世界水平的中国学问。"光华思想力"扎根中国大地,紧紧围绕中国经济和商业实践开展研究;凭借学科与人才优势,提供具有指导性、战略性、针对性和可操作性的战略思路、政策建议,服务经济社会发展;研究市场规律和趋势,服务企业前沿实践;讲好中国故事,提升商学教育,支撑中国实践,贡献中国方案。

为了有效传播这些高质量的学术成果,使更多人因阅读而受益,2018年年初,在和北京大学出版社的同志讨论后,我们决定推出"光华思想力书系"。通过整合原有"光华书系"所涵盖的理论研究、教学实践、学术交流等内容,融合光华未来的研究与教学成果,以类别多样的出版物形式,打造更具品质与更为多元的学术传播平台。我们希望通过此平台将"光华学派"所创造的一系列具有国际水准的立足中国、辐射世界的学术成果分享到更广的范围,以理性、科学的研究去开启智慧,启迪读者对事物本质更为深刻的理解,从而构建对世界的认知。正如光华管理学院所倡导的"因学术而思想,因思想而光华",在中国经济迈向高质量发展的新阶段,在中华民族实现伟大复兴的道路上,"光华思想力"将充分发挥其智库作用,利用独创的思想与知识产品在人才培养、学术传播与政策建言等方面作出贡献,并以此致敬这个不凡的时代与时代中的每一份变革力量。

北京大学光华管理学院院长

推荐序

《宏观经济学与中国政策》是北京大学光华管理学院教材丛书(光华思想力书系·教材领航)中的宏观经济学教材。这本教材既简明扼要地总结了当前宏观经济增长与波动的主流理论,又翔实深入地介绍了中国宏观经济数据概念、发展历程和政策逻辑,很值得大家仔细阅读学习。

本书作者颜色老师在美国加州大学洛杉矶分校获得博士学位后回到光华管理学院任教,对宏观经济政策、货币、金融和外汇市场有较为深入的研究。郭凯明老师在光华管理学院获得经济学博士学位,并一直从事中国宏观经济政策与转型的教学和研究。我很高兴为他们的教材作序。

学习宏观经济学需要夯实理论基础,形成科学研究的宏观分析逻辑框架。经济学理论还在发展中,但已经形成了很多成熟的分析工具,有助于我们更加准确地理解和把握现实经济。本书较为全面地介绍了宏观经济分析中的理论,其鲜明的特色是突出了理论背后的核心思想而淡化了数学图形,通俗易懂但又不偏离经济理论的关键机制,因此更易于读者理解看似艰深的经济理论。

学习宏观经济学需要熟悉中国国情、中国数据和中国政策,将理论与现实结合好。改革开放四十余年,中国经济走了一条不同于其他国家的成功之路,中国经济结构具有一些鲜明特征,经济政策也与西方国家有很多差异,分析宏观经济必须熟悉这些现实,不能生搬硬套理论。本书从宏观经济重要概念出发,系统全面地覆盖了中国宏观经济的主要数据和政策,特别是包括了最新的政策工具,并且也介绍了分析中国经济增长和经济波动的逻辑框架。如果读者希望了解和熟悉中国宏观经济并用以指导实践,那么本书将是一个非常好的入门指引。

学习宏观经济学需要思考中国的经济发展，摆脱路径依赖，参与和推动新时代中国的改革。当前中国经济发展和改革到了一个非常关键的阶段，中国需要摆脱路径依赖，在新思路指导下依靠改革继续前进，年轻一代要积极投身到这一进程中。本书总结了中国经济增长过程中的成功之处，并且对当下经济面临的结构性问题做了很好的分析，也展望了未来中国经济发展的趋势。这些内容对于读者来说是有必要了解的，可以帮助以后更好地工作和生活，为中国的发展和崛起作出贡献。

相信大家通过认真学习这本书，可以启发思考，从中获益。

厉以宁

北京大学光华管理学院名誉院长

目 录

引言 ··· 1

第一部分 实体经济数据

第1章 国内生产总值 ··· 9
　一、定义 ·· 9
　二、三个维度 ·· 11
　三、计算规则 ·· 13
　四、跨期比较 ·· 16
　五、产业构成 ·· 21
　六、收入分配 ·· 24
　七、侧面指标 ·· 25
　本章小结 ·· 27
　关键术语 ·· 27
　思考题 ··· 28

第2章 国民收入核算 ·· 29
　一、恒等式 ·· 29
　二、消费 ··· 32
　三、投资 ··· 36
　四、储蓄 ··· 39
　本章小结 ·· 42
　关键术语 ·· 42

思考题 ……………………………………………………… 42

　第3章　劳动力市场 ……………………………………………… 43
　　　一、指标与数据 …………………………………………… 43
　　　二、市场的均衡 …………………………………………… 46
　　　三、失业的分类 …………………………………………… 47
　　　本章小结 …………………………………………………… 49
　　　关键术语 …………………………………………………… 49
　　　思考题 ……………………………………………………… 49

　专题一：中国实体经济数据结构 ………………………………… 50

第二部分　经济增长理论

　第4章　经济增长导论 …………………………………………… 57
　　　一、世界经济增长 ………………………………………… 57
　　　二、中国经济增长 ………………………………………… 61
　　　三、理论出发点 …………………………………………… 65
　　　本章小结 …………………………………………………… 66
　　　关键术语 …………………………………………………… 66
　　　思考题 ……………………………………………………… 67

　第5章　资本积累 ………………………………………………… 68
　　　一、索洛增长模型 ………………………………………… 68
　　　二、资本积累对经济增长的影响 ………………………… 69
　　　三、中国投资驱动型经济增长趋势转变 ………………… 72
　　　本章小结 …………………………………………………… 75
　　　关键术语 …………………………………………………… 75
　　　思考题 ……………………………………………………… 75

　第6章　人口增长 ………………………………………………… 76
　　　一、马尔萨斯增长模型 …………………………………… 76
　　　二、人口增长对经济增长的影响 ………………………… 79

三、中国的人口红利和人口转变 …………………… 80
　　本章小结 ………………………………………………… 83
　　关键术语 ………………………………………………… 83
　　思考题 …………………………………………………… 83

第7章　技术进步 ………………………………………… 84
　　一、经济增长核算 ……………………………………… 84
　　二、技术的两个维度 …………………………………… 87
　　三、内生增长理论 ……………………………………… 87
　　四、中国技术进步发展趋势 …………………………… 89
　　本章小结 ………………………………………………… 92
　　关键术语 ………………………………………………… 92
　　思考题 …………………………………………………… 93

第8章　根本因素 ………………………………………… 94
　　一、地理假说 …………………………………………… 94
　　二、文化假说 …………………………………………… 95
　　三、制度假说 …………………………………………… 97
　　本章小结 ………………………………………………… 98
　　关键术语 ………………………………………………… 98
　　思考题 …………………………………………………… 99

专题二：中国经济增长分析逻辑 ……………………… 100

第三部分　货币和通货膨胀

第9章　货币 ……………………………………………… 107
　　一、定义 ………………………………………………… 107
　　二、货币供给 …………………………………………… 110
　　三、利率 ………………………………………………… 119
　　本章小结 ………………………………………………… 123
　　关键术语 ………………………………………………… 123

3

思考题 …………………………………………………… 124

第10章　货币政策 …………………………………… 125
　　一、中央银行 ……………………………………………… 125
　　二、美国货币政策 ………………………………………… 126
　　三、中国货币政策 ………………………………………… 131
　　本章小结 …………………………………………………… 136
　　关键术语 …………………………………………………… 136
　　思考题 ……………………………………………………… 136

第11章　价格 ………………………………………… 137
　　一、消费者价格指数 ……………………………………… 137
　　二、其他价格指标 ………………………………………… 142
　　三、名义量与实际量 ……………………………………… 144
　　本章小结 …………………………………………………… 146
　　关键术语 …………………………………………………… 146
　　思考题 ……………………………………………………… 146

第12章　通货膨胀 …………………………………… 147
　　一、成本与收益 …………………………………………… 147
　　二、通货紧缩 ……………………………………………… 151
　　三、货币数量论 …………………………………………… 152
　　本章小结 …………………………………………………… 154
　　关键术语 …………………………………………………… 155
　　思考题 ……………………………………………………… 155

专题三：中国货币、财政和价格数据结构 ………………… 156

第四部分　经济波动理论

第13章　经济波动导论 ……………………………… 161
　　一、经济波动事实 ………………………………………… 161
　　二、理论出发点 …………………………………………… 164

本章小结 …… 168

　　关键术语 …… 168

　　思考题 …… 168

第14章　产品市场和财政政策 …… 169

　　一、凯恩斯交叉理论 …… 169

　　二、财政政策的影响 …… 173

　　本章小结 …… 177

　　关键术语 …… 177

　　思考题 …… 177

第15章　货币市场和货币政策 …… 178

　　一、流动性偏好理论 …… 178

　　二、货币政策的影响 …… 180

　　本章小结 …… 183

　　关键术语 …… 183

　　思考题 …… 183

第16章　总需求-总供给框架 …… 184

　　一、总需求理论 …… 184

　　二、总供给理论 …… 187

　　三、短期均衡 …… 190

　　四、通货膨胀的决定 …… 195

　　五、政策讨论 …… 200

　　本章小结 …… 205

　　关键术语 …… 206

　　思考题 …… 206

专题四：中国经济波动分析逻辑 …… 207

第五部分　开放宏观经济

第17章　国际收支、国际贸易与汇率 ………………… 213
　　一、国际收支 ………………………………………… 213
　　二、国际贸易 ………………………………………… 219
　　三、汇率 ……………………………………………… 222
　　本章小结 ……………………………………………… 228
　　关键术语 ……………………………………………… 229
　　思考题 ………………………………………………… 229

第18章　均衡与政策 …………………………………… 230
　　一、均衡 ……………………………………………… 230
　　二、政策 ……………………………………………… 233
　　本章小结 ……………………………………………… 238
　　关键术语 ……………………………………………… 238
　　思考题 ………………………………………………… 238

专题五：中国对外经济数据结构 ……………………… 240

引　言

宏观经济学研究经济增长和经济波动两类问题。为了明确这两个问题，首先来看图 0-1 和图 0-2，这两张图分别给出了中国和美国从 20 世纪 50 年代至今的 GDP 增长率。GDP（国内生产总值）是衡量一个国家生产的产品和服务数量的指标，直接衡量了一国的收入和福利，也是宏观经济学所关注的最重要的指标，本书第一章就会详细讨论。

如图 0-1 所示，中国改革开放以来的 40 年，即 1978—2018 年，GDP 年均增长 9.4%，但是有的年份高于这一增速，如 2007 年，有的年份低于这一增速，如 1998 年，呈现出波动趋势。改革开放之前 GDP 增长相对较慢，1952—1978 年年均增长 6.2%，并且波动更加剧烈。

如图 0-2 所示，1950—2018 年，美国 GDP 年均增长 3.2%，但是有的年份高于这一增速，如 20 世纪 90 年代，有的年份低于这一增速，如 2008 年以后，也呈现出波动趋势。

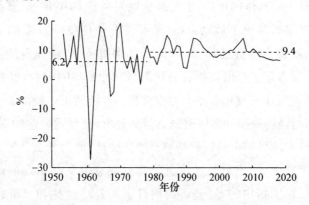

图 0-1　1952—2018 年中国 GDP 增长率
数据来源：中国国家统计局。

无论中国还是美国，从长期来看 GDP 增速都呈现一个正的趋势，这就是

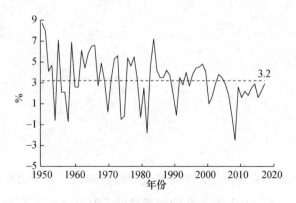

图 0-2　1950—2018 年美国 GDP 增长率

数据来源：美国经济分析局。

经济增长现象。长期下产出的这一趋势水平被称为自然产出水平或潜在产出水平，这一趋势增速被称为自然增长率或潜在增长率。宏观经济学研究的一个问题就是解释经济增长，即为什么从长期来看一个国家的产出不断增长，以及为什么国家之间的经济增长率存在差异。这里需要特别指出的是，潜在增长率并非一直不变，一个国家长期的经济增长率也会呈现趋势性变化，这也是经济增长理论试图解释的。比如中国经济进入新时代后，从高速增长阶段转向高质量发展阶段，潜在增长率已经低于改革开放前 30 年的水平。

如果观察一些具体的年份，也就是从短期来看 GDP 增速，就会发现它总是围绕着自然增长率上下波动，这就是经济波动现象。如果 GDP 增速高于自然增长率，就称为经济过热；如果低于自然增长率，就称为经济衰退。当然，经济衰退通常是指产出负增长的情形，但是对于中国这样快速增长的经济体，GDP 增速低于自然增长率有时也被称为经济衰退。经济波动也被称为经济周期，因为经济过热和经济衰退总是交替出现，呈现一定的周期性特征。宏观经济学研究的另一个问题就是解释经济波动，即为什么从短期来看一个国家的产出不断波动，也就是经济过热和经济衰退交替出现的经济周期现象。这里需要特别指出的是，经济周期只说明经济过热和经济衰退交替出现，但一个周期并没有确定的时间跨度。所谓的 5 年、10 年、30 年一个周期等，并没有令人信服的现实依据。

对应于长期宏观经济和短期宏观经济，可以提出经济增长和经济波动两个问题,宏观经济学关于这两个问题的理论分别被称为经济增长理论和经济周期理论。宏观经济学除了关心产出水平这个变量,还关心衡量价格总体水平的通货膨胀率和衡量就业市场状况的失业率这两个变量。此外,宏观经济学也关心与之密切联系的消费、投资、国际收支、利率、汇率等变量,这些变量也呈现出与产出类似的趋势,即长期具有趋势性特征和短期具有波动性特征,经济增长理论和经济波动理论也会分析这些变量。

宏观经济问题与国家、政府、企业和个人的利益息息相关,因此宏观经济学具有较强的现实意义。首先,宏观经济影响了个人的就业、收入和资产价格。宏观经济快速增长,需求旺盛,个人就更易于找到工作,收入也会更快提高,持有的资产价格也会上涨;反之,如果宏观经济出现衰退,个人就可能被企业降薪或解雇,持有的资产价格也可能会下跌。此外,当通货膨胀率很高而个人收入没有同步提高时,个人就会感受到收入的购买力下降,但有可能个人资产的价格也在提高,而通货膨胀率是宏观经济最关心的变量之一。

其次,宏观经济影响了企业和个人的决策。企业的投资、生产、定价和研发等策略均涉及市场需求和成本控制,而市场需求和成本变化均与宏观经济密切相关。个人的教育决策受到经济增长和产业结构的影响,投资决策受到各类资产价格和利率的影响,就业和创业决策受到各行业发展趋势的影响,这些又都在一定程度上取决于宏观经济形势的变化。

再次,宏观经济影响了金融市场。宏观经济波动和预期直接影响了金融市场的资产价格,宏观经济政策也会影响预期、利率和汇率,而利率和汇率又是金融市场各类资产的定价标准。此外,金融市场也会影响到宏观经济,一些宏观经济政策直接作用于金融市场,进而影响宏观经济,因此,宏观经济变化也会影响到金融市场的政策环境。

最后,宏观经济影响了政府和央行决策。宏观经济体现了一个国家的综合国力和福利水平,是政府密切关注的基础性问题。当宏观经济形势发生变化时,政府会调整财政政策和贸易政策,央行会调整货币政策和金融政策,这些政策将影响宏观经济,进而影响经济中的每个参与主体。政府还会根据宏观经济的当前形势和发展趋势,改革经济社会中一些领域的制度和政策环境,这也会直接影响到这些领域的企业和个人,进而波及社会的方方面面。

本书内容覆盖了当代宏观经济学的所有主要领域,全面介绍了当代宏观经济学的数据、观点和模型;本书同时总结了中国宏观经济实践和宏观经济政策,深入分析了中国宏观经济的数据结构、政策工具和分析逻辑。与现有教材相比,本书一方面注重于介绍理论模型背后的经济机制,淡化复杂的数学模型,使读者能够更为直接地把握宏观经济的分析逻辑;另一方面注重于介绍现实宏观经济的主要数据,同时涵盖对中国几乎所有宏观数据和经济政策的分析,使读者能够把理论逻辑直接应用于理解中国经济。

本书具体内容安排如下:

第一部分介绍实体经济方面的概念和数据,包括三章的内容。其中,第1章介绍GDP的概念和数据,第2章介绍需求维度下GDP分项的概念和数据,第3章介绍劳动力市场的概念和数据。这三章的逻辑关系是,第1章和第2章是关于产出及其分析的讨论,第3章是关于劳动力市场的讨论,二者共同反映了实体经济的状况。

第二部分介绍经济增长理论,包括五章的内容。其中,第4章介绍经济增长的特征事实和理论出发点,第5、6、7章分别介绍关于影响经济增长的直接因素——资本、劳动和技术——的理论,第8章介绍关于影响经济增长的根本因素的理论。这五章的逻辑关系是,第4章首先基于现实数据提出问题,接着从总体上介绍理论分析的逻辑框架,这一逻辑框架分为经济增长的直接因素和根本因素两个层次,之后第5—7章介绍增长理论中的直接因素,第8章介绍增长理论中的根本因素。

第三部分介绍货币与通货膨胀方面的概念和数据,包括四章的内容。其中,第9、10章分别介绍货币的数据和政策,第11章介绍价格的概念和数据,第12章介绍通货膨胀的经济影响和经典理论。这四章的逻辑关系是,第9、10章是关于货币和货币政策的讨论,第11、12章是关于价格和通货膨胀的讨论,这些内容共同反映了与实体经济密切相关的货币市场和价格变化的状况。

第四部分介绍经济波动理论,包括四章的内容。其中,第13章介绍经济波动的特征事实和理论出发点,第14、15章分别介绍产品市场和货币市场的理论与政策,第16章介绍总需求-总供给框架及其现实应用。这四章的逻辑关系是,第13章首先基于现实数据提出问题,接着从总体上介绍理论分析的逻辑框架,这一框架分为总需求和总供给两个理论视角,之后第14、15章介绍总需求方面的产品市场和货币市场,第16章在此基础上把总需求和总供给联立,分析短期宏观经济的均衡和政策。

第五部分介绍开放宏观经济的概念、数据和理论,包括两章的内容。其中,第17章介绍国际收支、国际贸易与汇率的概念和数据,第18章介绍开放宏观经济的均衡和政策。这两章的逻辑关系是,第17章介绍开放宏观经济的概念和数据,第18章在此基础上把这些重要变量引入总需求-总供给框架中,分析开放宏观经济的均衡和政策。

以上五个部分的逻辑关系是,第一部分、第二部分分别介绍实体经济数据与长期增长理论,从数据到理论是一个相对独立的体系。第三部分、第四部分分别介绍货币和通货膨胀数据与短期波动理论,从数据到理论也是一个相对独立的体系,但需要首先掌握实体经济的概念和数据。第五部分介绍开放宏观经济的概念、数据和理论,是一个相对独立的体系,但需要首先掌握实体经济和货币市场的概念、数据以及短期波动理论。

本书在写作过程中得到了很多人的大力支持。感谢北京大学出版社的王晶和刘京老师,她们的修改和建议使得本书在逻辑的严密性、文字的严谨性和内容的充实性上提升不少。感谢中山大学岭南学院硕士生徐亚男的帮助,她协助绘制了本书的部分图表。感谢北京大学数量经济与数理金融教育部重点实验室、国家自然科学基金面上项目(71973006、71973156)的资助。

第一部分

实体经济数据

第 1 章　国内生产总值

【学习目标】

掌握 GDP 的概念和内涵，了解中国 GDP 数据的经济含义和分项特征。

【知识要求】

1. 牢固掌握 GDP 的定义和三个维度
2. 牢固掌握 GDP 的计算规则、跨期比较和侧面指标
3. 一般掌握 GDP 的产业构成和收入分配

【内容安排】

一、定义

二、三个维度

三、计算规则

四、跨期比较

五、产业构成

六、收入分配

七、侧面指标

一、定义

国内生产总值是宏观经济学关注的最重要的变量之一，英文缩写为 GDP（Gross Domestic Product）。国内生产总值的定义是给定时期内一个经济体生产的所有最终产品和服务的市场价值。这个定义中有三个关键词值得注意。

GDP定义中的第一个关键词是"给定时期内"。通常GDP是相对于一年、一个季度的时期而言的,这意味着GDP是一个流量,而不是一个存量的概念。存量是指在某个时点上测度的数量,而流量是指在一段时期内测度的数量。比如,财富水平就是一个存量,在某一时刻经济中总的财富水平是可以测度的,而GDP是一个流量,这意味着GDP并不等于财富水平。一种典型的财富是房产。某一时刻经济中房产的数量总是确定的,如果房产价格上升,那么经济总的财富水平就会上升。但是GDP未必因此而上升,还要看当年那段时间生产出的房产数量如何变化。再举一个例子:2010年以后中国GDP超过日本,只能说明2010年以后每一年中国比日本生产了更多的产品和服务,但是中国的财富水平很可能还没有超过日本。如果比较国家之间的经济实力,财富水平可能是更好的指标,但是在实际统计中财富水平难以测算,因此通常还是选择使用GDP这个指标。

GDP定义中的第二个关键词是"最终产品和服务"。最终产品和服务通常简称为最终品,这是相对于中间品而言的。中间品是用于生产的产品和服务,目的是生产,而最终品的目的是用于消费或投资。比如,汽车发动机用于生产汽车,就是中间品,而汽车用于家庭消费,就是最终品。GDP只核算最终品,是为了避免重复计算。汽车的价值中包含了汽车发动机的价值,如果汽车发动机作为中间品也被算入GDP,其价值至少就会被计算两次。

GDP定义中的第三个关键词是"市场价值"。市场价值即为价格,最终产品和服务按照市场价格进行加总后得到GDP。由于不同种类产品和服务的量纲并不相同,因此无法直接加总数量。如果按照市场价格加总,就都转化为使用货币衡量的价值,也就能够加总了。比如,2018年一个经济体生产了苹果、汽车,以及其他产品或服务,那么就可以按照苹果、汽车和其他产品或服务的价格进行加总,从而计算2018年的GDP:

$$GDP_{18} = 苹果价格_{18} \times 苹果数量_{18} + 汽车价格_{18} \times 汽车数量_{18} + \cdots$$

其中,下标18表示2018年。

与GDP密切联系的变量是GNP(Gross National Product),即国民生产总值。国民生产总值是给定时期内一个国家的国民生产的所有最终产品和服务的市场价值。与GDP是针对一个国家领土范围内生产的产品和服务不同,GNP是针对一个国家的国民生产的产品和服务。比如,一个中国人在美国从事劳动,这部分劳动生产的产品和服务的价值应当算作美国的 GDP 和中国的 GNP。因此,GNP 与 GDP 的关系可以写作:

$$GNP = GDP + 在国外的本国人生产的产品和服务 - 在国内的外国人生产的产品和服务$$

对于中国和美国等经济大国而言,GNP 和 GDP 之间的差别很小。比如,2018 年中国的 GDP 为 900 309 亿元,GNP 为 896 915 亿元,二者相差不到 1%。

世界银行按照人均 GNP(世界银行称之为 GNI,Gross National Income)划分国家的收入等级,具体分为低收入、中等收入和高收入国家。中等收入国家的最新标准是人均 GNP 在 1 026 美元至 12 475 美元(2011 年不变价)之间。中等收入国家又被进一步划分为下中等收入国家和上中等收入国家,中国目前处于上中等收入国家水平。

二、三个维度

可以使用一个简化的模型来进一步理解 GDP。宏观经济参与者一般分为企业与家庭,宏观经济市场分为产品和服务市场与生产要素市场。生产要素是指用于生产的资本和劳动。如图 1-1 所示,在生产要素市场中,家庭是资本和劳动的供给方,将资本和劳动出售给企业。企业是资本和劳动的需求方,购买资本和劳动后进行生产。在产品和服务市场中,企业将生产的产品和服务进行出售,是产品和服务的供给方。其中,包括消费品和投资品的最终品被家庭购买,家庭成为最终品的需求方。在这个模型中,为了简化,家庭购买投资品,并将投资品作为资本品租给企业用于生产,可以理解为企业老板也属于家庭,自己购买投资品租给自己的企业生产。

从这一模型中可以总结出 GDP 的三个维度。第一个维度是生产维度。按照定义,把企业生产的所有最终品加总,即为 GDP。按照这种方法核算 GDP,被称为生产法。作为 GDP 的最终品在产品和服务市场上被购买,如果把在所有消费品和投资品上的支出加总,也应等于 GDP,这就是 GDP 的第二个维度,即支出维度。按照这种方法核算 GDP,被称为支出法。企业通过出售最终品获得收入后,在生产要素市场支付租用资本和雇用劳动的租金及成本,这些收入就被转化为家庭的资本收入和劳动收入。因此,GDP 的第三个

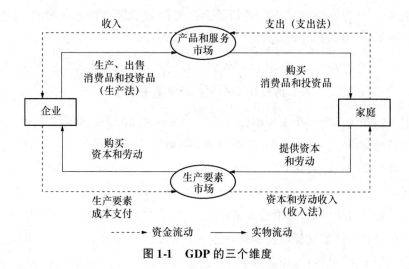

图 1-1　GDP 的三个维度

维度是收入维度,即把家庭获得的所有资本和劳动收入加总。按照这种方法核算 GDP,被称为收入法。

虽然理论上用三种方法核算 GDP 得到的结果应完全相等,但在现实中,由于不同方法的统计来源和具体操作并不相同,三种方法核算的 GDP 会存在出入,但差别不大。中国年度 GDP 核算结合了生产法和收入法,农林牧渔业和工业使用生产法核算,其他产业部门使用收入法核算。收入法具体划分为劳动者报酬、生产税净额、固定资产折旧和营业盈余。其中,劳动者报酬通常归为劳动收入,生产税净额、固定资产折旧和营业盈余通常归为资本收入。除公布投入产出表的几年外,中国并不公布收入法的全国数据,只公布省级数据,因此也可以通过省级数据加总得到全国数据。此外,中国单独公布支出法 GDP 的总量和结构。

图 1-1 中的模型没有考虑政府的影响。事实上,政府既是产品和服务的需求者,也是产品和服务的生产者。一方面,政府与家庭一样,在产品和服务市场购买消费品及投资品,比如政府"三公消费"和政府采购,政府进行基础设施建设投资等;另一方面,政府与企业一样,在产品和服务市场提供公共服务,比如司法治安、行政管理、城市治理等。因此,在模型中加入政府并不会改变 GDP 的三个维度的特征。

三、计算规则

根据 GDP 的定义,在计算 GDP 时应当遵循一定的规则,以下分别进行讨论。第一,二手货不计入 GDP。这是因为二手货在作为新品进行第一次交易时已经计入当年的 GDP,不应重复计算。但是,二手货交易过程中相关的产品和服务是新生产出的产品和服务,应当计入 GDP。比如二手车交易中,二手车价格本身不应计入 GDP,但支付给二手车行的费用是对车行提供的中介服务的支付,应当被计入 GDP。

第二,政府税收和转移支付不计入 GDP。这是因为政府税收和转移支付只是资金所有人发生了转移,或者说进行了资金的二次分配,并没有伴随着新的产品或服务的产生。比如,政府对居民收取收入所得税,这只是部分资金的所有者由居民变为了政府;政府对退休人员支付养老金,这也只是政府将资金转移给了退休人员,这些过程都没有生产出新产品或服务。收入法中有一个分项是生产税净额,被计入资本收入,也可以理解为资本收入的一部分作为生产税转给了政府。资本收入已经全部算作 GDP,这部分生产税就不应再次计算。

基于上述思想,分别考虑股票交易和房地产交易。股票交易本质上是企业部分股权的所有人变更,并没有涉及新产品或服务的生产,因而与二手货交易类似,不应算作 GDP。股票交易还涉及佣金和印花税。佣金是对证券公司提供的服务的支付,应当算作 GDP。但印花税只是将部分资金转移给政府,因此不应算作 GDP。

房地产交易更复杂些。如果是二手房交易,那么与二手车交易类似,二手房价格本身也不应计入 GDP,但支付给房地产中介的中介费是对中介服务的支付,应当计入 GDP。如果是新房交易,新房价格也不会全部被算作 GDP。因为新房价格中包括了地价,而地价本身只是土地使用权的支付,是土地使用权从房地产开发企业转移给了购房者,而土地本身并不是被新生产出来的产品,因此这部分价格不应算作 GDP。但是土地上新建的建筑的价值,就应当算作 GDP。考虑到地价在房地产价格中比重很高,因此实际上房地产交易价格只有一部分成了 GDP。无论二手房交易还是新房交易,在交易过程中购房者还应直接向政府缴纳一定的相关税收,这部分税收也不应算作GDP,因为这也只是收入的二次分配。

第三,存货作为投资计入GDP。因为存货是今年生产出的产品和服务,所以即使到明年才交易,也应当被计入今年的GDP。统计中通常把存货作为投资计入GDP,可以理解为企业投资到存货上,自己购买了自己的存货,为了明年在市场上进行出售。但是到了明年,存货交易就不应再被算作明年的GDP,因为存货并不是明年生产出来的产品。从支出法上看,存货发生交易的时候,一方面支出增加,可能是消费支出增加,也可能是投资支出增加,取决于存货是消费品还是投资品;另一方面投资减少,因为存货作为一种投资,被出售出去后,存货减少。一正一负相互抵消,导致存货并不影响GDP。存货投资占总投资的总比重在中国改革开放的前20年基本在10%—30%之间,但从1998年起普遍低于5%。因此,存货本身对中国GDP的影响并不大,但在经济衰退时存货投资的比重往往会提高,意味着实际投资可能比总投资下降得更快。

第四,一些不在市场销售的产品和服务,需要使用其估算价值计入GDP。一个典型的例子就是自有住房服务。如果某个家庭租房,则租金就是对于房东提供的住房服务的支付,算作GDP。但是如果这个家庭并没有租房,而是住在自己的房子里,无须支付租金,那么是不是就不算作GDP了呢?实际上并不是这样,即使住在自有住房中,家庭仍然享受了房子所生产出的住房服务,这个服务也属于当年生产的产品和服务,也应当算作GDP。因此,实际统计中使用租金估算自有住房服务的价格。需要注意的是,家庭购买住房后享受自有住房服务,那当初买房的支付中是否已经包含了自有住房服务,把自有住房服务计入GDP是不是重复计算呢?并非如此。之前已经讨论过,住房价格中只有一部分才应被计入GDP,这部分价格包括建筑成本等的支付。但是这部分价格中也不包含自有住房服务,因为在家庭入住之前,该住房还没有提供住房服务,虽然家庭买房很可能是为了享受自有住房服务。这类似于企业投资建设了一条生产线,这笔投入应当算作GDP。虽然企业投资生产线是为了生产汽车,但是每年生产出的汽车仍然应当算作GDP,这并不是重复计算。

中国在使用租金核算自有住房服务时,所采用的并非市场租金法,而是使用成本法,即基于房屋建筑成本进行折旧估算。在房价和房租快速上涨时,这种核算方法采用的估算租金并不会相应提高,因此也就低估了自有住房服务的价值。自有住房服务的统计不但由此低估了中国的 GDP 总量,而且由于自有住房服务属于住房消费,应当被计入消费,因此也就造成了中国的消费率被低估。

第五,按照产品和服务的增加值而不是产值计算 GDP。产品和服务的生产过程是投入中间品并使用资本和劳动的生产过程。产值衡量了产出的价值,因而产值中既包括中间品投入,也包括资本和劳动创造的价值,后者被称为增加值。由于实际统计中难以区分中间品和最终品,为避免重复计算,计算 GDP 时是将生产阶段所有产品和服务的增加值全部加总。比如,牧民将羊毛以 100 元卖给纺织厂,纺织厂将羊毛加工成毛线,以 300 元卖给服装厂,服装厂将毛线加工成毛衣,以 600 元卖给消费者。在这一过程中,羊毛和毛线都是中间品,毛衣作为最终品出售了 600 元,因此 GDP 增加了 600 元。但是,毛线也可能作为最终品直接卖给消费者,实际统计中为了避免遗漏,可以把这一过程所有产品的增加值进行加总。在这个简单的例子里,羊毛生产没有中间品投入,因而羊毛的增加值为 100 元;毛线的 300 元价值中减去投入的中间品羊毛 100 元,得到毛线的增加值 200 元;毛衣的 600 元价值中减去投入的中间品毛线 300 元,得到毛衣的增加值 300 元。因此这一过程中,所有的增加值加总为 600 元,刚好等于最终品价值。

2016 年中国改革了研发支出的核算方法。在此之前,研发支出被视作生产过程的中间品投入,并不计入 GDP。但 2016 年修订了 1952 年以来的 GDP,把研发支出作为投资,计入 GDP,这导致 GDP 总量增加,但增长速度变化并不大。类似地,2013 年美国也将研发支出、版权等无形资产算作投资。据估计,这一修订使美国 2012 年的 GDP 提高了 3.6%,其中研发支出一项使其提高了 2.5%。

在现有 GDP 计算规则下,GDP 可能低估了产品和服务的数量。首先,很多耐用品具有和住房一样的属性,也能在每一时期提供服务。比如汽车、家用电器,在每一时期家庭都会享受到这些产品提供的服务。但是这些耐用品提供的服务并没有计入 GDP。其次,家庭内部生产的服务也没有计入 GDP。比如家庭内部教育、代际照料、住房维护等服务。随着经济发展的分工深化,越来越多的家庭内服务将市场化,这会增加服务业增加值和 GDP。当然,从福利的角度看,这只是原来没有统计的服务被加进了 GDP,可能并没有在本质上增加福利。最后,包括逃税在内的很多违法经济活动也没有纳入 GDP。2014 年,意大利开始把色情业、非法药物生产和买卖等活动纳入 GDP 核算,这也会直接提高 GDP 总量。

违法经济活动也可以被纳入 GDP,这说明 GDP 并不是一个所谓的规范的概念,并没有考虑价值判断。GDP 测算的是所有最终产品和服务的数量,无论产品和服务的生产或消费会给经济社会带来正面还是负面的影响。并且 GDP 只是关注总的经济活动,经济社会的很多其他特征并没有被反映出来:GDP 无法反映收入不平等、财富水平、居民消费和健康、居民幸福感等;也无法反映贪污腐败、污染浪费、产品质量和安全等;更无法反映文明程度、道德水平、社会治安、民主法制、政府效率等。此外,GDP 指标的统计仍存在诸多问题,各国的 GDP 计算规则也不尽相同,同时也会根据经济新业态和新产业的特点而不断调整。

尽管如此,GDP 仍然是当前衡量一个国家经济发展水平的最好指标。平均来看,一个国家的人均 GDP 越高,人均消费水平、人口教育水平和预期寿命也越高。并且,GDP 的核算口径基本上跨国可比,也易于使用和理解,因此,当前还没有一个指标能够比 GDP 更好地反映一个国家的经济发展水平。

四、跨期比较

第一节的例子中使用了 2018 年的价格计算 2018 年的 GDP。这种使用当期价格核算的产品和服务的价值叫作名义 GDP。于是,2018 年和 2017 年名义 GDP 分别为:

名义 GDP_{18} = 苹果价格$_{18}$ × 苹果数量$_{18}$ + 汽车价格$_{18}$ × 汽车数量$_{18}$ + ⋯

名义 GDP_{17} = 苹果价格$_{17}$ × 苹果数量$_{17}$ + 汽车价格$_{17}$ × 汽车数量$_{17}$ + ⋯

跨期比较名义 GDP 无法衡量产品和服务的实际数量变化,因为难以区分增长是由于产品和服务的实际数量变化导致的,还是由于价格变化导致的。比如,上述名义 GDP_{18} 和名义 GDP_{17} 相除,分子和分母不但包含了苹果、汽车等产品和服务的数量变化,还包含了价格变化。

为此，需要定义实际 GDP，即使用不变价格核算的产品和服务的价值。统计局通常使用某一年的产品和服务的价格作为不变价格，来核算所有年份的产品和服务的价值。这一年被称为基期年。中国国家统计局最近每 5 年更换一次基期，当前使用 2015 年作为基期。于是，2018 年和 2017 年实际 GDP 分别为：

实际 GDP_{18} = 苹果价格$_{15}$ × 苹果数量$_{18}$ + 汽车价格$_{15}$ × 汽车数量$_{18}$ + …

实际 GDP_{17} = 苹果价格$_{15}$ × 苹果数量$_{17}$ + 汽车价格$_{15}$ × 汽车数量$_{17}$ + …

由于价格固定在了基期年价格，跨期比较实际 GDP 就可以直接反映出实际数量的变化。比如，上述实际 GDP_{18} 和实际 GDP_{17} 相除，分子和分母的价格都是 2015 年价格，变化只来自苹果、汽车等产品和服务的数量变化。

GDP 增长率是指实际 GDP 的增长率。在日常使用中，如无特别说明，GDP 绝对量通常是指名义 GDP，但谈到增长率，就均是指实际 GDP 的增长率。比如，2018 年中国实现 GDP 900 309 亿元，比上年增长 6.6%。其中，900 309 亿元是指名义 GDP，而 6.6% 是指实际 GDP 增长率。

图 1-2 给出了改革开放 40 年来中国经济增长的情况。图中的增长率为实际增长率，即已经剔除了价格上涨因素后的实际数量的增长率。从图中可以看出中国宏观经济增长的两个奇迹：一是高速增长，前 30 年年均增长 9.9%，前 40 年年均增长 9.4%，是有 GDP 统计以来各国相同时长经济增长的最高速度；二是尽管在 20 世纪 80 年代和 90 年代末 GDP 增长速度较前几年显著下降，但是之后依然能够回归高速增长。

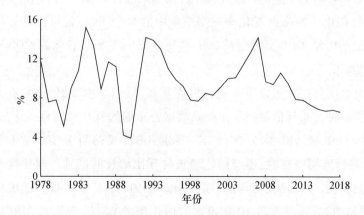

图 1-2　改革开放 40 年中国 GDP 增长率
数据来源：中国国家统计局。

美国实际 GDP 的计算方式有所不同,通常采用连锁加权法进行计算。具体地,首先使用今年价格计算今年和去年 GDP,得到今年价格核算的今年 GDP 增长率。其次使用去年价格计算今年和去年 GDP,得到去年价格核算的今年 GDP 增长率。然后再把这两个价格核算出的两个 GDP 增长率取几何平均值,即为连锁加权下的实际 GDP 增长率。最后,根据去年实际 GDP,就可以推出今年实际 GDP。

如果将同一年的名义 GDP 和实际 GDP 相比,就得到了 GDP 平减指数。比如,2018 年 GDP 平减指数即为 2018 年名义 GDP 与实际 GDP 相除。比较分子和分母,苹果、汽车等产品和服务的数量均为 2018 年的数量,但是价格却从 2015 年变化到了 2018 年。因此,GDP 平减指数反映了价格水平的变化,是一个价格指数。这个指数将苹果、汽车等产品和服务的数量作为权重,是这些产品和服务的价格变化的加权平均。

根据 GDP 平减指数的定义,可以进一步得到

$$1 + 名义 GDP 增长率 = (1 + 实际 GDP 增长率) \times (1 + GDP 平减指数变化率)$$

由于现实中的经济增长率通常取值较小,上式通常可以近似写作

$$名义 GDP 增长率 = 实际 GDP 增长率 + GDP 平减指数变化率$$

上式意味着名义 GDP 增长既来自实际 GDP,也就是实际数量的增长,也来自 GDP 平减指数,也就是价格指数的增长。换句话说,如果将名义 GDP 增长率减去 GDP 平减指数增长率,也就是从名义增长中剔除了价格增长因素后,就可以得到实际 GDP 增长率。在使用中,只要知道名义 GDP 增长率、实际 GDP 增长率和 GDP 平减指数变化率三个变量中的两个变量,就可以计算得到第三个变量。比如,GDP 实际增长 7%,名义增长 9%,那就意味着 GDP 平减指数增长 2%。

GDP 在实际中一般以季度统计值为基础,属于季度数据,通常有当季值和累计值两种。累计值是当年年初到数据公布期的所有值加总。比如,2018 年三季度 GDP 累计值,即为 2018 年一季度到三季度的当季 GDP 之和。在季度 GDP 进行跨期比较时,还有同比增长与环比增长的区别。同比增长是与去年同期相比,环比增长是与上一期相比。比如,2018 年三季度 GDP 同比增长,就是与 2017 年三季度 GDP 相比的增长率;2018 年三季度 GDP 环比增长,就是与 2018 年二季度 GDP 相比的增长率。

图 1-3 给出了 1993—2018 年中国季度 GDP 同比实际增长率、名义增长率和平减指数变化率。可以看到，中国实际 GDP 增长相对平稳，名义 GDP 波动显著大于实际 GDP 波动。名义 GDP 与实际 GDP 两条曲线的差距即为GDP 平减指数，其变动与名义 GDP 变动基本一致。比如，2016—2018 年 GDP名义增长先上升后下降，但同期实际增长率基本没有变化，反映了 GDP 平减指数的增速先上升后下降。

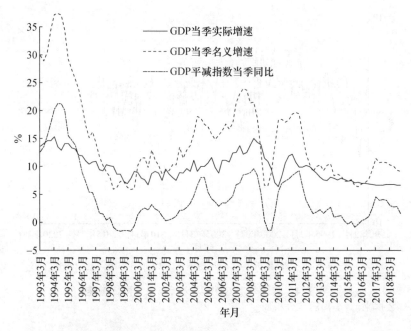

图 1-3　中国 GDP 季度同比的实际增长率、名义增长率和平减指数变化率
数据来源：中国国家统计局。

由于经济活动具有非常明显的季节性特征，而同比增长是一年内的同一时期进行比较，因此同比增长能够部分剔除季节因素的影响。但是，同比增长的两个时期在时间上跨度相隔一年，可能这一年内经济走势已经发生了显著变化，但难以从同比增长数据中反映出来。相对于同比增长，环比增长能够反映更短期的变动情况，但是环比增长数据的波动又可能受到季节因素的影响。因此在实际使用中，应当综合分析同比和环比增长的变化情况。

中国较常使用同比增长，包括累计同比增长率和当季同比增长率，从2011 年起，也开始公布季调的环比增长率。美国、日本和欧元区等国家普遍采用环比折年率指标,即首先计算当季环比增速,之后假定按照这个速度环比增长连续四个季度即一年后能够实现的经济增速。比如,美国当季 GDP 环比增长1%,按照这一速度连续增长四个季度后,一年后当季总量将扩张到原来的 1.0406 倍(1.01^4),环比折年率即为 4.06%。因此,环比折年率并不是同比增速,而是季度环比增速折换到一年的速度。从图1-4中可以看到,美国季度 GDP 环比折年率波动幅度远大于年度同比增速。

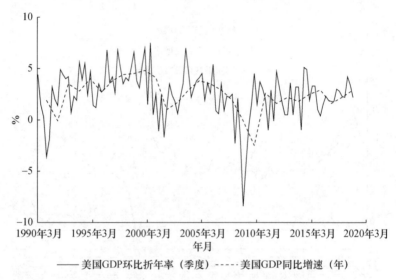

图1-4 美国季度 GDP 环比折年率与同比增速
数据来源:美国经济分析局。

由于实际 GDP 增长率能够剔除价格因素的影响,反映一国生产的产品和服务的实际数量的变化情况,因而在实际应用中更受关注。但是,名义 GDP 增长率也依然重要,有必要重视其波动情况。首先,GDP 平减指数统计上可能存在误差,实际 GDP 可能无法完全反映经济波动情况。从图1-3中也可以看到,近年来中国实际 GDP 运行非常平稳,但名义 GDP 波动很大,这不太可能完全由价格波动来解释。其次,影响微观层面企业决策的主要因素是当期价格计算的名义量,比如企业成本、收入和利润等指标都是名义量,这些因素都受到 GDP 名义增长的影响。最后,影响金融市场的主要因素也是当期价格计算的名义量,比如股票市场价格、货币信贷量等,它们会受到 GDP 名义增长的影响,而这些因素又会进一步影响到市场信心和预期。

五、产业构成

GDP 是最终产品和服务的市场价值,但在实际统计中,GDP 核算是把所有产品和服务的增加值进行加总。从生产维度上看,任意一个最终产品或服务的产值都可以分解到每个产业或行业的增加值上。三大产业是较常使用的具有国际普遍性的划分标准。第一产业包括农、林、牧、渔业;第二产业包括工业和建筑业,工业又包括采矿业、制造业,电力、热力、燃气及水生产和供应业三大门类;第三产业即为服务业,包括批发和零售业、交通运输、仓储和邮政业、住宿和餐饮业、金融业、房地产业、租赁和商务服务业、教育、卫生和社会工作、公共管理、社会保障和社会组织等。中国把农、林、牧、渔业中的服务计入第一产业,因此第三产业与服务业略有不同,但数值上差别不大,基本可以等价。

比如,牧民将羊毛以 100 元卖给纺织厂,纺织厂将羊毛加工成毛线,以 300 元卖给服装厂,服装厂将毛线加工成毛衣,以 600 元卖给商场,商场再将毛衣以 800 元卖给消费者。羊毛是畜牧业生产的,因而第一产业增加值是 100 元,从羊毛到毛衣是制造业生产的,因而第二产业增加值是 500 元。最终毛衣被商场卖给消费者,新增的 200 元增加值就是零售服务的价值,这属于第三产业,因而第三产业增加值就是 200 元。最终品毛衣的 800 元就被分解为三个产业的增加值。类似地,GDP 也可以从生产维度按照产业和行业的增加值进行分解。

在中国的统计数据中,涉及产业和行业的产出数据既有产值数据,也有增加值数据。比如每个季度国家统计局会汇报三大产业增加值,每个月会汇报规模以上工业增加值、制造业增加值,还包括高新技术产业增加值、战略性新兴产业增加值等。这些增加值本质上都是和 GDP 核算相同的,每个产业或行业生产过程附加了多少增加值,都会被计入相应产业或行业中。因此,如无特别说明,实际使用中提及这些产业或行业增加值的增长率就是指增加值的实际增长率,而不是名义增长率。

三大产业的增加值加总后就是生产法核算的 GDP,即

名义 GDP = 第一产业增加值 + 第二产业增加值 + 第三产业增加值

因此，每个产业增加值占 GDP 的比重可以衡量三大产业在经济中的相对大小，其变化也常被用来衡量一国经济的产业结构转型。图 1-5 给出了中国三大产业增加值比重的变化。可以看到，改革开放以来，中国第一产业增加值比重持续下降，第三产业增加值比重不断上升，第二产业增加值比重相对稳定，但最近十余年持续下降。因此，中国工业化进程中，第二产业比重不但没有显著上升，甚至还出现了下降，反而是第三产业比重显著上升。这也是具有国际共性的普遍规律。一国工业化进程中，快速上升的产业是服务业而不是工业，在达到一定发展水平后，工业比重反而会出现下降。

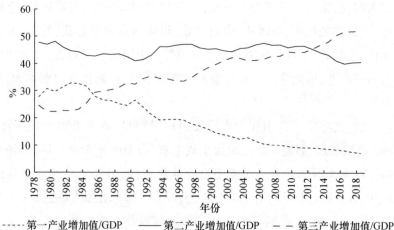

图 1-5　中国三大产业增加值比重的变化
数据来源：中国国家统计局。

GDP 可以被分解到三大产业的增加值也就意味着 GDP 的增量也来自三大产业增加值的增量，即

$$名义 GDP 增量 = 第一产业增加值增量 + 第二产业增加值增量 + 第三产业增加值增量$$

每个产业增加值增量占 GDP 增量的比重通常被定义为该产业对 GDP 增长的贡献率。如果把这个贡献率再乘以 GDP 的实际增速，就是该产业拉动 GDP 增长了几个百分点。比如，2017 年中国 GDP 为 827 122 亿元，比 2016 年增加了 82 995 亿元，增长 6.9%；第一、第二、第三产业增加值分别为 65 468 亿元、334 623 亿元和 427 032 亿元，分别比 2016 年增加了 1 797 亿元、38 387 亿元和 42 811 亿元。因此，2017 年第一、第二、第三产业对 GDP 增长的贡献率分别是

2.2%、46.2%和51.6%,分别拉动GDP增长0.1个、3.2个和3.6个百分点。

与GDP一样,三大产业的增加值也是季度数据。中国更短期的产业增加值数据是月度的规模以上工业增加值数据。规模以上工业企业是指主营业务收入在2 000万元以上的工业企业,其产值占全部工业企业的比重超过九成。规模以上工业增加值数据采用了全面调查法,由企业直接填报月度产值数据。月度增加值数据由产值数据与上年工业增加值率相乘推算得到。规模以上工业增加值数据还有丰富的分项数据,包括采矿业、制造业、电力、热力、燃气及水生产和供应业等三大门类,以及更细分的行业数据,还包括国有及国有控股企业、股份制企业等数据。此外,除了产值和增加值数据,中国统计局每月还会公布规模以上工业企业效益的相关数据,包括企业利润、主营业务收入、资产负债率、产成品存货、应收账款平均回收期、出口交货值等。

图1-6给出了中国工业增加值和GDP的年度增长率。可以看到,工业增加值增长率波动大于GDP的波动,并且长期高于GDP的增速。但是图1-5表明,以工业为主体的第二产业增加值占GDP的比重却相对稳定。这是因为,工业增加值比重是使用名义增加值计算的,但增长率是使用实际增加值计算的,增长率相对整体经济更快上升而比重相对稳定,说明工业品的相对价格持续下降。总结来看,中国工业化进程中,工业产出相对整体经济更快

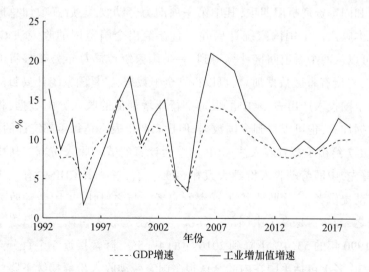

图1-6　中国工业增加值增长率对比GDP增长率
数据来源:中国国家统计局。

上升,而工业品相对价格却在下降,导致工业比重相对稳定。最近几年,工业增速已经低于 GDP 整体增速,于是工业比重也有所下降。

六、收入分配

根据 GDP 的收入维度,GDP 可以分为资本收入和劳动收入。具体到企业,企业通过购买中间品、租用资本和雇用劳动来生产产品或服务,其产值又包括中间品投入和增加值,因此增加值是资本和劳动等生产要素所附加的价值。企业将产品或服务的产值用于支付中间品投入、劳动收入,剩余部分是资本收入,即:

产值 = 中间品投入 + 增加值 = 中间品投入 + 劳动收入 + 资本收入

资本和劳动创造了增加值,总的增加值即为 GDP,于是从收入维度 GDP 就可以分为劳动收入和资本收入两部分。GDP 中并没有包含利润收入,这是因为会计上的企业利润实际上属于资本收入。资本收入和劳动收入占 GDP 的比重通常被称为资本收入份额和劳动收入份额,这两个指标衡量了 GDP 的收入分配结构。

在现实统计中,GDP 从收入维度通常被分为劳动者报酬、营业盈余、生产税净额和固定资产折旧四项,其中第一项即为劳动收入,后三项加总通常被视为资本收入。中国国家统计局并不直接给出全国范围的收入法 GDP 数据,但可以从两个渠道间接计算得到:一是国家统计局每年公布各省的收入法 GDP,将所有省区数据加总,可以得到全国数据;二是国家统计局每隔几年会公布全国投入产出表,表中汇报每个行业增加值的收入分配数据,将所有行业数据加总,也可以得到全国数据,但投入产出表不是每年都统计的。

图 1-7 给出了各省收入法 GDP 加总后计算的劳动收入份额。从中可以看出,首先,中国劳动收入份额大致在 50% 左右,意味着 GDP 中有一半收入给了劳动提供者,一半收入给了资本所有者。与之对比,美国劳动收入份额在三分之二左右,是高于中国的。其次,中国劳动收入份额大致呈现下降趋势,从 1990 年的 53.4% 下降到 2016 年的 47.5%,降幅接近 6 个百分点。这与最近 30 多年包括美国在内的全球很多国家劳动收入份额持续下降的趋势一致。

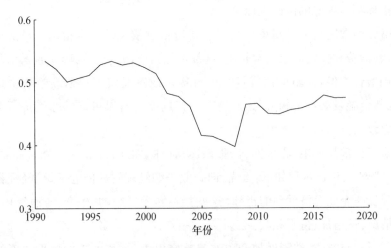

图 1-7　中国劳动收入份额变化情况
数据来源：中国各省市统计局。

很多研究表明，劳动收入份额下降体现了新技术下资本对劳动的替代过程。伴随着新技术的发展，资本相对价格下降，促使企业在生产中倾向于使用相对便宜的资本替代劳动。如果生产过程中资本易于替代劳动，那么企业就会大规模替代劳动，降低对劳动力的需求，导致劳动收入份额下降。伴随着中国劳动力工资显著上升，企业更有激励使用资本替代劳动，比如生产中采用自动化设备或机器人，因此未来中国劳动收入份额很可能会进一步下降。

七、侧面指标

由于 GDP 数据是季度数据，而有时需要在短期内更及时地评估经济活动的变化，并且 GDP 毕竟只是一个总体指标，有时需要更全面地评估经济活动的变化，因此，除了 GDP 指标，还有很多侧面指标也常用于评估经济活动。

第一类常用指标是用电量和货运量。用电量、公路和铁路货运量都是月度指标。经济活动越活跃，用电量和货运量的增长通常也越快。但是，用电量和货运量均与经济结构有关。如果经济生产活动的能源效率提高，或者对物流运输依赖程度较低的行业规模扩大，那么用电量和货运量在增长放缓的同时，经济活动也可能加快。当然，短期内经济结构并不会显著变化，因此这两个指标都是很好的侧面指标。

第二类常用指标是新增信贷量。新增信贷量也是月度指标。经济活动越活跃,消费和投资需求通常越高,这都可能需要信贷支持,因此新增信贷量将更快增长。但是,新增信贷量与央行货币政策及宏观审慎政策均密切相关,也与金融发展水平相关,因此这个指标的变化有时可能并非经济活动的变化导致的。

第三类常用指标是采购经理指数,简称 PMI(Purchasing Managers' Index)。PMI 的构造过程如下:首先,向企业采购经理发放问卷,采购经理根据订单等反映企业经济活动的指标(这些指标涵盖了采购、生产、流通等环节)变化情况,从增加、持平和减少三个选项中选择一个。其次,统计三个选项的数量,把每个指标下选择增加选项的比重乘以 1 后,加上选择持平选项的比重乘以 0.5,然后根据每个指标的权重加总,即可计算出 PMI。根据这一算法,如果 PMI 超过 50%,说明平均来看经济活动在扩张,如果低于 50%,说明经济活动在收缩,因而 50% 通常被称为 PMI 的荣枯线。

PMI 是多个指标按照权重综合构造出的,每个细项指标都会公布相应的 PMI。按照行业,PMI 还被分为制造业 PMI 和非制造业 PMI。PMI 的分项数据非常丰富,可以从多个方面反映宏观经济的变化情况。比如,中国的制造业 PMI 调查体系涵盖了 13 个分类指数,制造业 PMI 由其中的 5 项分类指数加权构成,分别是新订单指数,权数为 30%;生产指数,权数为 25%;从业人员指数,权数为 20%;供应商配送时间指数,权数为 15%;原材料库存指数,权数为 10%。

PMI 是月度指标,经过了季节性调整。中国通常公布两个 PMI:国家统计局官方 PMI 在当月最后一天公布,财新 PMI 在次月月初公布,非常及时。因此可以说,PMI 是每月获知的第一个综合的宏观经济指标,再加上其分项数据丰富,因此 PMI 成为重要的侧面指标。从图 1-8 可以看出,财新 PMI 波动通常大于官方 PMI,并且 PMI 与工业产出增速关系密切。

此外,很多经济学家还会使用灯光数据来衡量经济活动。美国国家海洋和大气管理局公布由太空气象卫星测算的各地夜晚灯光亮度数据。经济越发达的地区,夜晚灯光亮度也越强。当然,这一指标也存在一定的问题,因为灯光亮度与生活习惯、产业结构、空气质量等均密切相关,所以也

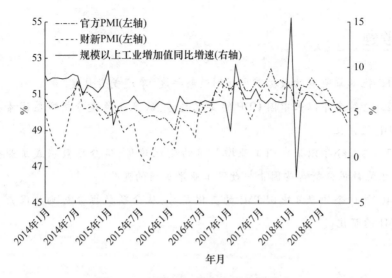

图 1-8 中国 PMI 与工业增加值增速

数据来源:Wind。

只能侧面说明经济活动。

本章小结

1. GDP 是给定时期内一个经济体生产的所有最终产品和服务的市场价值,可以从生产维度、支出维度和收入维度这三个维度来理解。

2. 一些产品和服务没有被纳入 GDP 统计中,或者在统计时被低估。

3. 跨期比较 GDP 时需使用实际 GDP。

4. GDP 可以被分解到不同产业的增加值上,规模以上工业增加值是常被关注的月度数据。

5. PMI、用电量、货运量和新增信贷量是衡量总体经济运行情况的侧面数据。

关键术语

国内生产总值　实际国内生产总值　三大产业　工业增加值　资本收入　劳动收入　PMI

思考题

1. 把本章所有的数据图更新到最新年度、季度或者月度。
2. 总结今年以来中国GDP的变化趋势,从产业角度分析哪些因素导致了GDP的变化。
3. 总结今年以来中国工业增加值的变化趋势,从分项数据或工业企业效益相关数据分析哪些因素导致了工业增加值的变化。
4. 总结今年以来中国PMI的变化趋势,从分项数据分析哪些因素导致了PMI的变化。

第 2 章　国民收入核算

【学习目标】

掌握国民收入核算以及消费、投资和储蓄的关系,理解中国消费和投资数据的经济含义及分项特征。

【知识要求】

1. 牢固掌握国民收入核算恒等式
2. 牢固掌握消费和投资的概念和数据
3. 一般掌握储蓄的概念及数据

【内容安排】

一、恒等式
二、消费
三、投资
四、储蓄

一、恒等式

从支出维度看,GDP 可以被分为消费和投资两类,即生产的最终产品和服务要么用于消费,要么用于投资。现在从两个角度进一步考虑消费和投资的构成。一是消费和投资中既包括私人消费和私人投资,也包括政府消费和投资。用 C、I 和 G 分别表示居民消费、企业投资和政府消费。政府投资可以看作被包含在企业投资 I 中。居民消费、企业投资和政府消费中既包括国内

生产的产品和服务,也包括国外生产的产品的服务。用 d、f 分别表示国内生产和国外生产,即

$$C = C(d) + C(f)$$
$$I = I(d) + I(f)$$
$$G = G(d) + G(f)$$

二是考虑国际贸易,本国生产的最终产品和服务可以用于出口,满足国外的消费或投资,记作 EX。本国进口国外生产的最终产品和服务,用于满足国内的私人和政府的消费或投资,记作 IM,即

$$IM = C(f) + I(f) + G(f)$$

记 $NX = EX - IM$ 为净出口,即出口减去进口的差额。

用 Y 表示 GDP,由于只有国内生产的产品和服务才算作 GDP,因此 GDP 可以被首先分解为国内生产的消费品和投资品:

$$Y = C(d) + I(d) + G(d) + EX$$

国内生产的产品和服务一部分满足了私人和政府的消费或投资,剩余部分用于出口。将 $C(d)$、$I(d)$ 和 $G(d)$ 替换为 C、I、G,得到

$$Y = C - C(f) + I - I(f) + G - G(f) + EX$$
$$= C + I + G + EX - IM$$

把 NX 代入上式,即推导出了国民收入核算恒等式:

$$Y = C + I + G + NX$$

国民收入核算恒等式意味着一国 GDP 从支出角度可以被分解为居民消费、企业投资、政府支出和净出口。虽然居民消费、企业投资和政府支出中还包括国外生产的产品和服务,但这些产品和服务都已经在净出口里面减去了。

消费和投资的支出通常被称为消费需求和投资需求,于是在国民收入核算恒等式中,总支出 GDP 也为总需求。总需求又可以分为国内需求和国外需求,简称为内需和外需,其中内需包括居民消费需求、企业投资需求和政府需求,外需即为净出口。消费、投资和净出口通常也被称为三大需求。

私人消费和政府消费之和为总消费,私人投资和政府投资之和为总投资,一国消费率和投资率分别是总消费和总投资占 GDP 的比重。净出口率是净出口占 GDP 的比重。国民收入核算恒等式中,政府支出只包括政府消

费。在支出法核算的GDP统计数据中,通常也只公布政府消费,政府投资和私人投资合并作为投资数据公布。

中国每年公布支出法GDP的构成,其中最终消费支出即为总消费,包括居民消费支出和政府消费支出,资本形成总额即为总投资,包括固定资本形成总额和存货变动。以此可以计算出消费率、投资率和净出口率。如图2-1所示,改革开放前20年中国消费率超过60%,2001年起持续下降,2010年转为上升;投资率在2011年达到48%的顶峰,之后转为下降;净出口率在2007年达到8.7%的顶峰,之后持续下降。

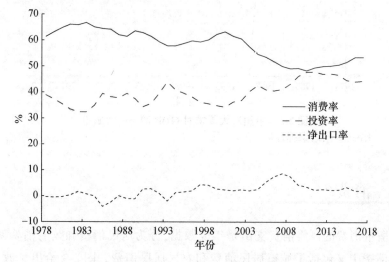

图2-1 中国消费率、投资率和净出口率变化
数据来源:中国国家统计局。

与三大产业对GDP增长的贡献率和拉动的定义类似,也可以定义三大需求对GDP增长的贡献率为消费、投资或净出口的增量占GDP增量的比重,将贡献率乘以GDP的实际增速,即为消费、投资或净出口拉动GDP增长了几个百分点。中国国家统计局只公布三大需求的年度数据,不公布季度数据,但公布季度三大需求的累计贡献率和对增长率的拉动,也可以以此计算出季度不变价的三大需求及增长率。

图2-2给出了改革开放以来三大需求对GDP的贡献率。可以看到,20世纪90年代中国经济软着陆,投资对经济增长的贡献率下降,消费的贡献率在提高。2008年外需萎缩,投资托底经济增长。最近几年,消费逐渐成为经济

增长的主要拉动力,2015年以来贡献率均在55%以上。

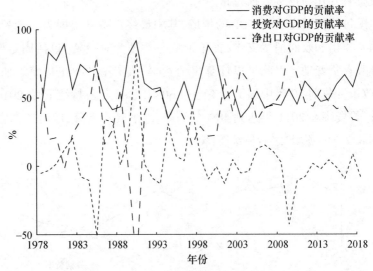

图 2-2 中国三大需求对 GDP 增长的贡献率
数据来源:中国国家统计局。

二、消费

衡量消费的最终消费支出是年度数据,分为居民消费和政府消费两类,居民消费中又包括了城镇居民消费和农村居民消费。图 2-3 给出了改革开放以来中国城镇居民消费、农村居民消费和政府消费占总消费的比重。可以看到,伴随着城镇化过程的推进,中国农村居民消费占总消费的比重逐渐下降,城镇居民消费占总消费的比重逐渐上升。政府消费占总消费的比重缓慢上升,目前处于25%左右的水平,但由于总消费率整体呈现下降趋势,使政府消费占 GDP 的比重基本稳定,大致在15%。因此2001—2010年中国消费率下降主要是由居民部门消费占比下降导致的。

中国最终消费支出数据可能低估了真实消费情况:一方面,自有住房服务消费、公司账户支付的消费和高收入人群的消费都可能被低估;另一方面,消费数据来自居民调查,居民也可能会低报数据。

政府消费数据和政府公共财政支出数据并不相等,因为政府公共财政支出中包括了消费支出、投资支出和转移支付等。从图 2-4 中可以看到,当前

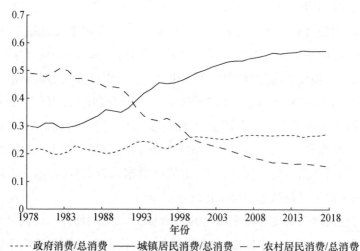

图 2-3　中国居民消费与政府消费占总消费比重
数据来源：中国国家统计局。

中国政府消费相当于公共财政支出的 60% 左右。1994—2018 年公共财政支出年均增长 16.4%，高于同期名义 GDP 增速，因此同期公共财政支出占 GDP 比重整体呈现上升趋势，当前该比重已经达到 25%，但最近几年有所下降。

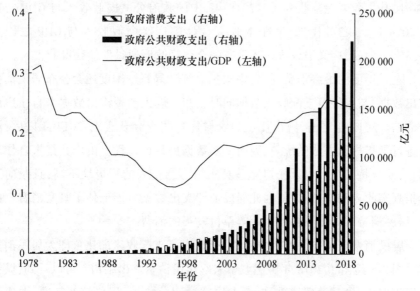

图 2-4　中国政府消费支出与公共财政支出
数据来源：中国国家统计局。

中国政府公共财政支出是政府财政政策的重要指标。公共财政支出减去收入,即为公共财政赤字。虽然中国政府公共财政收支大致相等,财政赤字率并不高,但是最近几年公共财政赤字率上升,意味着政府的财政支出相对于收入更大幅度提高,因此赤字率变化也是衡量财政政策的重要指标。

由于政府财政收入与总产出密切相关,因此财政收入增长的变化也能够反映实体经济的变化。在中国公共财政收入中,当前税收收入占比超过80%;而在税收收入中,国内增值税比重又超过三分之一。由于每个行业的增值税是该行业增加值的固定比例,增值税数据质量也较高,因此中国增值税的增长情况也是反映总产出变化的重要指标。

政府公共财政收支常用来衡量政府规模,但对于中国而言,这是相对较窄的口径。因为广义上中国政府的财政收支规模应当综合考虑四个财政账本。除了公共财政收支,中国政府财政收支还包括政府性基金收支、国有资本运营收支和社会保险基金收支三个账本。政府性基金收入主要来自土地出让收入和以政府性基金形式收取的各项费用;国有资本运营收入主要来自各个行业国有资本按照规定上缴的利润;社会保险基金收入主要来自城镇职工的养老保险、医疗保险、失业保险、工伤保险和生育保险等的收入,以及城乡居民基本养老保险收入等。2018年,中国政府公共财政收入与GDP之比为20.4%,与之对比,四个账本收入合计的广义财政收入与GDP之比为37.8%。但是,广义财政收入还没有完全包括政府通过发债获得的收入。

除了年度的最终消费支出,中国国家统计局每个季度还会公布居民消费支出数据,与居民可支配收入数据同时公布。居民消费支出数据来自住户调查数据。2012年之前,城镇住户和农村住户调查分开实施,2012年以后,城乡进行了指标和方法的统一,因而城乡数据更具可比性。由于数据来自住户调查,住户特别是高收入住户完整真实填写调查表的积极性不高,且倾向于低报真实收入和消费水平,因此居民消费支出数据可能低估了真实消费。此外,居民消费支出也不包括企业等单位购买的消费。

居民消费支出分为八大类消费支出,占可支配收入的比重即为居民消费率。图2-5给出了2018年中国城镇家庭居民消费支出结构。可以看到,城镇居民消费中,食品消费比重最大,占比超过四分之一,居住消费其次,占比超过五分之一。食品消费占总消费的比重通常也被称为恩格尔系数,它衡量了居民福利水平。恩格尔系数越低,居民福利水平越高。

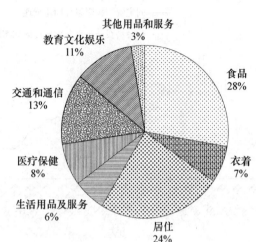

图 2-5　2018 年中国城镇家庭居民消费支出结构
数据来源:中国国家统计局。

被广泛关注的另一中国消费数据是月度的社会消费品零售总额。由于社会消费品零售只是统计了实物商品以及餐饮服务的零售数据,因此并不等同于国民收入核算恒等式中的消费。社会消费品零售总额分为限额以上单位和限额以下单位零售额。限额以上单位是指年主营业务收入在 2 000 万元及以上的批发业企业、500 万元及以上的零售业企业、200 万元及以上的住宿和餐饮业企业。不同于居民消费支出数据,社会消费品零售总额数据的调查对象是企业、单位和个体户,并非住户。对限额以上单位进行全数调查,对限额以下单位进行抽样调查。2014 年起,国家统计局还公布网上零售数据,包括网络交易平台实现的实物和非实物商品。其中只有实物商品网上零售额被计入社会消费品零售总额。由图 2-6 可以看出,2000 年后中国社会消费品零售总额增速相对稳定,但近些年逐渐放缓,2018 年已经降至个位数。

社会消费品零售总额的分项数据非常丰富,除了公布住宿餐饮消费,还公布商品零售数据,而商品零售数据又细分为多类消费品,如食品类、汽车类、金银珠宝类等反映消费结构的数据。由于社会消费品零售总额不包括除住宿餐饮外的服务业消费,因此在消费结构升级或如房租、教育、医疗等其他服务价格快速上升时,社会消费品零售总额的增长可能会慢于整体消费的增长。

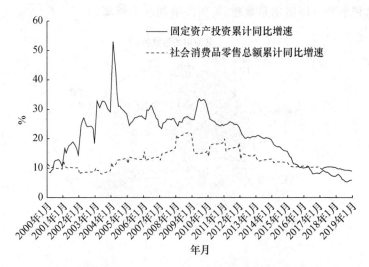

图 2-6　中国社会消费品零售总额和固定资产投资月度累计同比增速
数据来源：中国国家统计局。

三、投资

衡量投资的资本形成总额是年度数据，分为固定资本形成总额和存货变动两类，但缺少更加细分的数据。当前中国资本形成总额中存货变动所占的比重低于5%，因而可以近似为固定资本形成总额。

除存货变动外，只有形成资本的才是宏观经济中的投资，或者说，投资活动总是伴随着新资本品的生产。因此，这里所说的投资并不等同于生活中的投资。生活中经常提到股票投资、外汇投资、地产投资、理财和保险产品购买等投资，这些仅是金融等资产的所有权发生了转移，在此过程中资产价格发生了变化，但是并没有新的资本品被生产出来，因而这些都不是宏观经济中的投资。

相对于资本形成总额，中国更被广泛关注的投资数据是固定资产投资。固定资产投资是月度数据，以不含农户投资的项目为调查对象。年度还会公布全社会固定资产投资数据，这一数据包括了农户投资。如图2-6所示，中国固定资产投资在2000—2010年基本维持在两位数以上的增长速度，但从2010年起持续下降，2016年以来已经降至个位数。

2017年中国固定资产投资64.1万亿元,GDP 82.1万亿元,如果以此计算投资率,中国投资率超过75%,并且十余个省区的全社会固定资产投资甚至超过GDP。这主要是因为固定资产投资并不等同于资本形成总额,不是宏观经济上的投资,不能直接用来计算投资率。二者的区别体现在以下几点:第一,固定资产投资包括土地购置费、旧设备和旧建筑物购置费,但这些并不算作资本形成总额。第二,固定资产投资不包括城镇和农村500万元以下项目的固定资产投资,因而没有统计小规模的投资活动。第三,固定资产投资不包括矿藏开发、计算机软件等无形资产投资,而这些已经被纳入资本形成总额的统计。第四,固定资产投资不包括房屋销售收入和建造投资成本的差额,这一差额也被算作资本形成总额。

中国固定资产投资在2004年以后与资本形成总额的差距显著扩大,当前二者之比已经接近2。原因可能是以下几点:首先,土地购置费被纳入固定资产投资中,但由于土地并不是新资本品,其并不是资本形成总额。土地购置费显著上升将导致固定资产投资增长快于资本形成总额。其次,资本形成效率可能正逐渐降低,固定资产投资活动难以最终形成资本。最后,固定资产投资统计可能存在一定的水分,而国家统计局并没有直接统计资本形成总额数据,据猜测很可能是根据GDP、消费(居民调查和销售数据)和进出口(海关数据)数据间接推出的。

固定资产投资具有丰富的分项数据。如果按照行业分,那么其中房地产开发投资、基础设施建设投资和制造业投资是普遍关注的数据。房地产开发投资是指在报告期内完成的全部用于房屋建设工程、土地开发工程的投资额以及公益性建筑和土地购置费等的投资,其中土地购置费等并非宏观意义上的投资。基础设施建设投资是交通运输、仓储和邮政业,电力、燃气及水生产和供应业,水利、环境和公共设施管理业这三个行业的投资总额,与政府投资密切相关。年度基础设施建设投资中还纳入了电信、广播电视和卫星传输服务业,互联网和相关服务业这两个行业的投资。但月度数据并不包括这两个行业。制造业投资数据除了包括制造业整体投资,还包括丰富的分行业投资数据,可以用于分析制造业内部上下游行业的差异变化或行业结构转型升级趋势。如图2-7所示,中国固定资产投资中,房地产开发投资比重在20%左右;基础设施建设投资在25%左右,近几年持续上升;制造业投资比重在30%左右。

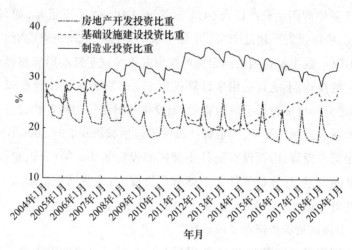

图 2-7　中国主要行业投资占固定资产投资比重
数据来源：中国国家统计局。

具体来说，房地产开发投资包括建筑工程、安装工程、设备工器具购置和其他费用等细类，土地购置费属于其他费用类。图 2-8 给出了房地产开发投资中土地购置费和建筑安装工程投资比重。可以看到，土地购置费占房地产开发投资的比重在 20% 左右，但 2018 年以来快速上升；建筑安装工程是房地产开发投资主体，比重约占七成。

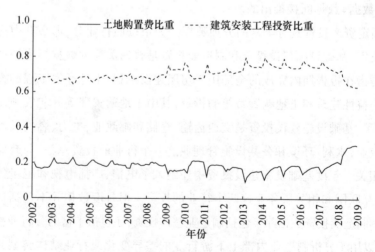

图 2-8　中国房地产开发投资构成
数据来源：中国国家统计局。

固定资产投资还可以按照所有制分类,包括国有及国有控股企业、内资企业和外商投资企业等。此外,国家统计局还公布了民间固定资产投资数据,口径为扣除国有及国有控股企业、三资企业中外商独资及控股企业后的数据。如图2-9所示,目前中国固定资产投资中,民间投资比重占60%左右;国有及国有控股企业投资比重占1/3左右,近几年持续上升。

图2-9 中国民间投资比重和国有投资比重
数据来源:中国国家统计局。

四、储蓄

GDP从收入维度看也是总收入,如果用总收入减去总消费,就可以得到总储蓄,通常也被称为国民储蓄,即:

国民储蓄 = 总收入 − 总消费 = 总收入 − (私人消费 + 政府消费)

总储蓄与总收入之比被称为储蓄率。

宏观经济意义上的储蓄并不等同于生活中的储蓄。宏观经济中的储蓄就是没有被消费掉的收入,但是从总量意义上而言的。生活中的储蓄或投资通过金融系统可能成为其他人或其他机构的消费。比如,一个人的存款可能通过银行系统以借贷的方式给了他人并用于消费;一个人投资在股市上的资金虽然没有被自己消费,但也可能经过交易被他人消费。这些收入从个人角度来说是储蓄,但从宏观总量意义上讲,仍然被消费掉了。

支出法 GDP 给出了私人消费和政府消费,以此可以计算中国储蓄率。如图 2-10 所示,改革开放初期,中国储蓄率低于 40%,之后逐渐上升,但在 20 世纪 90 年代后又不断下降。2001 年以后,储蓄率快速上升,到 2010 年达到最高,超过了 50%,之后开始持续下降。储蓄率是否会继续快速下降,需要持续关注。

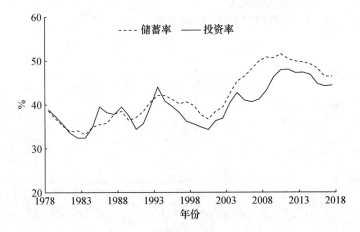

图 2-10 中国储蓄率与投资率的对比

数据来源:中国国家统计局。

由于 GDP 等于消费和储蓄之和,从支出维度看又等于消费、投资和净出口之和,因此可知

$$储蓄 = 投资 + 净出口$$

这一公式意味着,储蓄作为没有被消费掉的产品和服务,要么用于国内投资,要么净出口给国外用于消费或投资。如图 2-10 所示,中国在 90 年代初期后储蓄率始终高于投资率,反映出净出口始终为正,说明中国的储蓄并没有全部被国内消费和投资消耗掉,一部分转化为净出口,用于国外的消费或投资。

定义政府储蓄为政府收入减去政府消费,总收入减去政府收入被称为私人部门的可支配收入,可支配收入再减去私人消费,就是私人储蓄,即

$$政府储蓄 = 政府收入 - 政府消费$$

$$私人储蓄 = 总收入 - 政府收入 - 私人消费 = 可支配收入 - 私人消费$$

基于以上定义可知,国民储蓄为私人储蓄和政府储蓄之和。

在中国资金流量表(实物交易)中,给出了政府储蓄和私人储蓄的年度数

据,私人储蓄又被进一步分为家庭储蓄和企业储蓄。由此可以计算政府储蓄、家庭储蓄和企业储蓄占总储蓄的比重。如图 2-11 所示,中国总储蓄中,家庭储蓄的比重只有 50% 左右,企业和政府都是主要的储蓄主体,2002 年后政府储蓄占比显著上升。

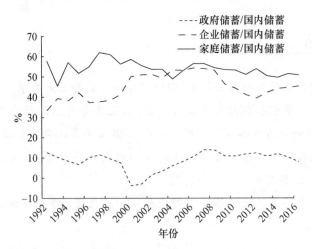

图 2-11　中国政府储蓄、家庭储蓄和企业储蓄占总储蓄的比重
数据来源:中国国家统计局。

除了资金流量表,城镇家庭居民储蓄率还可以使用城镇居民人均消费支出和人均可支配收入数据进行计算。人均消费支出与人均可支配收入之比即为家庭消费率,用 1 减去家庭消费率即为储蓄率。如图 2-12 所示,改革开

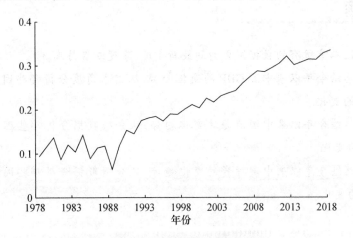

图 2-12　中国城镇居民家庭储蓄率
数据来源:中国国家统计局。

放以来中国居民储蓄率持续上升,当前已经接近三分之一,这一储蓄率显著高于世界其他国家。中国居民储蓄率快速上升的原因主要有三点:一是收入快速增长,恩格尔系数下降;二是家庭人口抚养比低,年轻人口储蓄率高;三是在住房、医疗、教育和养老等现实生活压力下,家庭预防性储蓄动机较强。

本章小结

1. 根据国民收入核算恒等式,GDP 可以被分解为三大需求。

2. 中国消费数据包括最终消费支出、居民消费支出和社会消费品零售总额,月度的社会消费品零售总额常被关注,具有丰富的分项数据。

3. 中国投资数据包括资本形成总额和固定资产投资,月度的固定资产投资常被关注,具有丰富的分项数据。

4. 宏观经济意义上的储蓄不同于生活中的储蓄,储蓄与投资之间具有直接的联系。

关键术语

国民收入核算恒等式 三大需求 消费 投资 储蓄

思考题

1. 把本章所有的数据图更新到最新年度、季度或者月度。

2. 总结今年以来中国 GDP 的变化趋势,从需求角度分析哪些因素导致了 GDP 的变化。

3. 总结今年以来中国消费的变化趋势,从分项数据分析哪些因素导致了消费的变化。

4. 总结今年以来中国投资的变化趋势,从分项数据分析哪些因素导致了投资的变化。

第 3 章 劳动力市场

【学习目标】

掌握劳动力市场的主要指标和中国数据,理解劳动力市场的供求均衡分析。

【知识要求】

1. 牢固掌握劳动力市场的指标和数据
2. 牢固掌握劳动力市场的均衡分析
3. 一般掌握失业的分类

【内容安排】

一、指标与数据
二、市场的均衡
三、失业的分类

一、指标与数据

经济中的总人口可以按照年龄分为 15 岁及以下年龄的未成年人口和 16 岁及以上年龄的成年人口。成年人口又可以分为在劳动力市场就业或失业的劳动力人口和非劳动力人口。就业劳动力是指在调查参考期(通常为一周)内,为了取得劳动报酬或经营收入而工作了至少 1 小时的成年人口,包括休假、临时停工等在职但未工作的人。失业劳动力是指没有工作但在 3 个月内积极寻找工作,如果有合适的工作能够在 2 周内就开始工作的成年人口。

16岁及以上既不属于就业人口也不属于失业人口的人口为非劳动力人口，比如没有工作意愿的人、接受教育的学生、失去劳动能力的人、退休的老年人等。

定义劳动参与率为劳动力人口占所有成年人口的比重，即：

$$劳动力参与率 = 劳动力人口/成年人口$$
$$= 劳动力人口/(劳动力人口+非劳动力人口)$$

劳动力参与率与文化观念、高等教育普及率、人口年龄结构等多种因素相关。在女性相夫教子的传统文化下，女性劳动力参与率很低。随着高等教育的普及和人口老龄化的加深，更多成年人口接受高等教育或退休，劳动力参与率会逐渐降低。中国计划经济时代具有劳动能力的未退休人口基本都会被安排在一定单位就业，且接受高等教育的人口比重不高，因而劳动力参与率较高。伴随着中国的改革开放，劳动力市场化程度提高，许多劳动力接受教育或退出劳动力市场，劳动力参与率呈现下降趋势。

定义失业率为失业人口占劳动力人口的比重，即：

$$失业率 = 失业人口/劳动力人口 = 失业人口/(失业人口+就业人口)$$

失业率并非失业人口占总人口或占成年人口的比重，而是占劳动力人口的比重。失业率下降通常意味着劳动力中更高比例的人口在就业，劳动力市场状况改善。但是有时也可能并非如此。比如，一部分失业人口长期寻找工作而无法就业，他们可能会放弃寻找工作，从而成为非劳动力人口。这些丧失信心的人逐渐增多，失业人口和劳动力人口的数量就会等量减少，导致失业率和劳动力参与率同时下降，但此时并不意味着劳动力市场状况改善。因此，评估劳动力市场状况，不仅应关注失业率的变化，而且还应关注劳动力参与率的变化。

中国的失业率数据长期使用城镇登记失业率。所谓城镇登记失业人口，是指16岁至退休年龄内，符合工作经历等一定条件，且自愿主动前往就业服务机构进行失业登记的本地非农户籍人口。由于这一数据核算的只是本地非农户籍人口，且需要失业人口主动去登记，无法衡量在城镇就业的农村流动劳动力的就业状况，而且也没有统计没有登记的失业人口，因此这一数据难以反映劳动力市场真实的失业状况。城镇登记失业率长期稳定在4%—5%左右，宏观监测的参考性较弱。

从2018年开始,中国国家统计局开始逐月公布城镇调查失业率。这一数据采用了国际标准的就业和失业定义,也不要求失业登记,且不限于工作经历等条件,通过对住户进行抽样调查获得失业率数据,保证了中国调查失业率数据与其他国家数据的可比性。并且,劳动力调查的对象为城镇常住人口,即在当地实际经常居住半年以上的人口,因此既包括当地户籍人口,也包括流动人口,比如在城镇就业的农村流动劳动力。因此,城镇调查失业率数据可以更全面地反映劳动力市场状况。2018年《政府工作报告》首次将城镇调查失业率纳入经济社会发展的主要目标。

除失业率数据外,中国劳动力市场状况的指标还包括城镇新增就业人数和求人倍率。城镇新增就业人数是月度数据,等于城镇累计新就业人数减去自然减员人数,但没有减去失业人数。这一指标是政策制定者比较关注的就业指标。求人倍率是季度数据,衡量了岗位空缺与求职人数之比,求人倍率大于1说明职位供大于求,小于1则说明职位供不应求。

美国劳动力市场指标非常丰富。美国劳工局每月公布失业率和新增非农就业人数数据,这两个数据是反映美国劳动力市场状况最直接的指标。美国ADP新增非农就业人数是ADP公司(Automatic Data Processing,自动数据处理公司)赞助的、由民间咨询机构统计的数据,俗称小非农,该数据早于美国劳工局公布的非农就业数据两天,也是人们较为关注的指标。美国失业率数据来自6万个住户的抽样调查,非农就业数据来自16万家企业调查,这些企业雇用了4 000万工人。由于调查对象和抽样方式不同,失业率和新增非农就业人数可能在短期内会存在出入。此外,当周初次申请失业金人数和平均时薪增速等每周公布的数据也经常被用来评估美国劳动力市场状况,但周数据往往具有短期性,在使用时应注意关注其反映的趋势性变化。

美国失业的特点是,大多数失业是短期的,而任何一个既定时段所观察到的失业又是长期的。也就是说,成为失业者的大部分人可以很快找到工作,而大部分失业问题是多数长期没有找到工作的人造成的。比如,100万名失业者中,可能有90万名失业者长期失业,其余10万名失业者很快就能找到工作,但又会有另外10万名劳动力成为新的失业者。这意味着失业人数的变动幅度可能比总数大小更为重要。中国失业是否具有这一特征,仍有待于失业统计数据的完善。

二、市场的均衡

劳动力市场是生产要素市场的一类,经济学通常使用均衡分析框架进行分析。这一框架把劳动力视为一种商品,既有需求方也有供给方,劳动力工资也就是劳动力作为一种商品的价格。劳动力需求方是企业,企业在劳动力市场上雇用劳动者进行生产,体现为劳动力的需求。企业对劳动力的需求量取决于工资。工资水平越高,企业的生产成本也就越高,企业的用工需求相应也就越低,二者体现为负向关系。图3-1画出了这一负向关系,即劳动力需求曲线,它是一条向右下方倾斜的曲线。劳动力供给方是劳动者,劳动者在劳动力市场上寻找工作,就业后进行生产,体现为劳动力的供给。通常认为在一段有限的时间内,劳动力市场的劳动者数量是稳定的,受工资水平的影响较小。图3-1画出了这一关系,即劳动力供给曲线,它是一条垂直的曲线,供给量与工资无关。

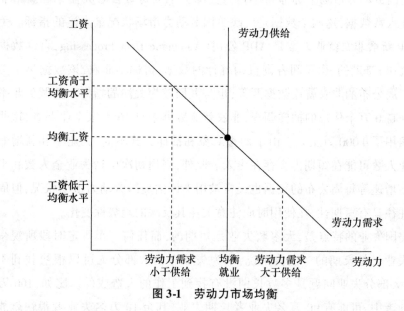

图3-1 劳动力市场均衡

当劳动力供给和需求相等时,称劳动力市场达到均衡,或者说劳动力市场出清。图3-1中劳动力需求曲线和供给曲线的交点即为均衡,此时的工资水平为均衡工资,在均衡工资下确定的劳动力需求等于供给。

工资的自由调整将促使劳动力市场达到均衡。当工资高于均衡工资水平时，企业面临较高的用工成本，对劳动力的需求就会低于劳动力的供给，此时供给高出需求的劳动力就成为失业者(见图3-1)。这会造成过剩的劳动力相互竞争，比如失业者为了就业可以接受更低的工资，导致劳动力工资逐步下降。伴随着劳动力工资的下降，劳动力需求开始上升，这一过程将促使劳动力需求最终等于供给，工资回到均衡水平。

反之，当工资低于均衡工资水平时，企业的用工需求较大，高于市场的劳动力供给，导致劳动力供不应求(见图3-1)。这会造成企业相互竞争，提高工资以吸引到相对稀缺的劳动力。伴随着劳动力工资的上升，劳动力需求开始下降，这一过程将促使劳动力需求最终等于供给，工资回到均衡水平。

三、失业的分类

失业按照失业原因可以分为自然失业和周期性失业两类。自然失业是劳动力市场的一些摩擦性因素或结构性因素导致的失业，并非经济周期导致的失业。周期性失业是经济周期导致的失业。比如，经济衰退时企业削减生产，用工需求减少，造成了失业人口增加，这部分失业就是周期性失业。

自然失业通常又被分为摩擦性失业和结构性失业两类。摩擦性失业是由于经济动态调整中部分企业的劳动力需求和劳动力供给总会发生变化，而劳动力市场是有摩擦的，也就是说劳动力供给和需求需要一段搜寻匹配的时间，在这段时间内一些劳动力可能就成了失业者。比如，调整工作或新进入劳动力市场的劳动者找工作需要时间，他们往往可能不会立刻找到合适满意的工作，在投简历、面试等搜寻过程中就成了失业者。这部分失业是由于劳动力市场存在摩擦导致的，与经济周期无关，通常被称为摩擦性失业。

政府提供的失业救济金等一些政策或制度会影响摩擦性失业。失业救济金提高，劳动者寻找工作的机会成本就会下降，因此就会更有耐心地搜寻令其满意的工作，摩擦性失业也就会越高。由于年轻劳动力找工作更为慎重、更有耐心，劳动力的年龄结构也会影响到摩擦性失业。年轻劳动力的比重越大，摩擦性失业也往往越高。

结构性失业是由于一些政策或制度因素，部分行业或地区的工资高于市场均衡工资，造成部分劳动力失业。比如，最低工资法规定劳动力工资不能低于最低工资水平，或者工会力量壮大造成企业无法降低工资，这些都可能导致即使失业者愿意接受一个较低的工资以尽快就业，企业也无法降低工资来雇用这些失业者，这就造成了结构性失业。结构性失业也可以用图 3-1 来理解。在图 3-1 中，当工资高于均衡工资水平时，就会导致劳动力需求小于供给，出现失业。此时劳动力供给方将相互竞争，拉低工资，使得最终供需平衡，失业也就会消失。但是，如果存在一些政策或制度等结构性因素，阻碍了工资的下降，那么就会使得劳动力市场工资长期高于市场均衡，失业也就会长期存在，这就是结构性失业。这部分失业是由一些政策或制度等结构性因素造成的，也与经济周期无关。

自然失业人口占劳动力人口的比例被称为自然失业率，于是失业率也就等于自然失业率和周期性失业率之和。自然失业率通常被认为是比较稳定的，也往往是难以避免的，因此失业率的波动通常是由周期性失业导致的，周期性失业的变化也就更值得关注。如果经济中劳动力市场只有自然失业，那么通常就称其为充分就业状态或自然失业状态，此时的失业率就等于自然失业率。充分就业经常被作为宏观经济调控的目标之一，需要特别注意的是，充分就业状态并非所有劳动力都就业的状态。

为了分析简便，劳动力市场均衡模型通常忽略了自然失业，但实际上也可以把供求相等的均衡状态理解为充分就业状态，这并不妨碍对劳动力市场的刻画。这一模型的一个引申含义是，如果工资自由调整，那么劳动力市场总会达到均衡，周期性失业也就不会一直存在。但是现实经济中，周期性失业往往会持续很久，这就意味着工资并没有自由调整，这是经济波动理论解释经济周期的一个理论出发点。

图 3-2 给出了美国失业率和自然失业率的变化情况。可以看到，美国自然失业率基本稳定在 5% 左右。在 1990 年之前，基本在 5%—6%，在 1990 年之后，呈现了缓慢下降趋势，基本在 4.5%—5%。失业率围绕着自然失业率上下波动，与自然失业率的差距就衡量了美国周期性失业率。周期性失业率的波动显著大于自然失业率，因此美国失业率的变化主要源于经济周期因素。

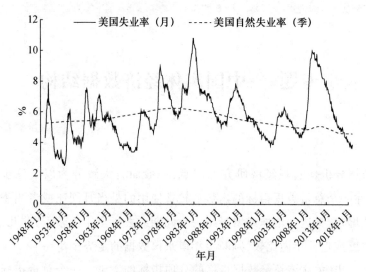

图 3-2　美国失业率和自然失业率的变化情况
数据来源：美国劳工部。

本章小结

1. 劳动力参与率、失业率等是劳动力市场状况的常用指标。
2. 劳动力市场可以使用供求均衡分析框架进行分析。
3. 失业可以被分为自然失业和周期性失业两类，自然失业又被分为摩擦性失业和结构性失业两类。

关键术语

劳动力参与率　失业率　劳动力需求　劳动力供给　自然失业　周期性失业　摩擦性失业　结构性失业

思考题

1. 把本章所有的数据图更新到最新年度、季度或者月度。
2. 总结今年以来中国调查失业率和城镇新增就业人数的变化趋势。

专题一：中国实体经济数据结构

数据分析是宏观经济研究的起点，一般而言大致分为以下三步。第一步，关注一个总量数据指标的走势。较常使用的是当月同比或者当季同比的增速或增量，把这一增速或增量与去年同期或去年全年比较，与前几个月、前几个季度或近几年做比较，判断今年以来该数据的走势。

第二步，关注该总量数据指标的分项指标的贡献。一个总量指标往往由若干重要的分项指标构成，通常首先关注占比较大的分项指标。总量指标的走势很可能受到一两类分项指标的影响。如果某个分项指标的增速与总量指标有明显偏离，那么就可能对该指标的增长做出显著的贡献或造成显著的拖累。

第三步，综合同类数据指标，做出经济某一方面走势的整体判断。如果这些数据指标的走势相似，那么就可以对其反映的同一宏观经济活动情况做出基本判断。如果这些数据指标的走势出现了偏离，那么还需要关注定量上哪些数据指标的走势更加重要，或者同一宏观经济活动情况的结构是否发生了新变化。

按照以上三个步骤，可以对中国宏观经济数据展开分析。中国宏观经济数据大致分为实体经济数据，货币、财政和价格数据，对外经济数据三大类。

本专题主要介绍中国实体经济数据结构。图A1给出了中国实体经济数据结构图。中国实体经济数据可以大致分为生产、需求、就业和其他等四个方面。

第一，生产方面，主要由GDP和工业相关数据构成，反映了宏观经济的供给侧情况。GDP的分项指标通常关注三大产业的增加值，其中第二产业和第三产业又被分为若干行业。这些行业的增加值共同决定了GDP的走势。GDP是季度数据，时间跨度较长，反映生产的月度数据主要关注规模以上工

专题一：中国实体经济数据结构

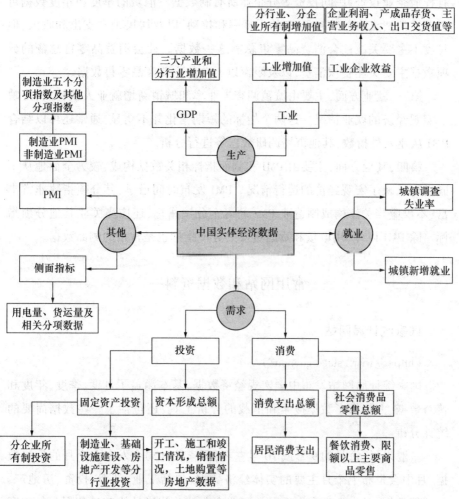

图A1 中国实体经济数据结构图

业增加值。规模以上工业增加值按照工业三大门类、每个门类的细分行业，以及企业所有制进行了分项统计。此外，工业企业效益数据能够反映工业企业的经营状况，利润、收入、库存、出口交货值、负债率等分项指标与生产、投资等工业活动密切相关，可以与工业增加值和工业投资等数据相互印证。

第二，需求方面，主要由投资和消费相关数据构成，反映了宏观经济的需求侧情况。投资的季度和年度数据可以关注资本形成总额对GDP的贡献率和拉动，但月度上主要关注固定资产投资这一数据。固定资产投资的分项数据主要关注制造业、基础设施建设、房地产开发等分行业数据，以及国有及国有控股企业投资、民间投资等分企业所有制数据。消费的季度和年度数据可以关注消费支出总额对 GDP 的贡献率和拉动，以及居民消费支出和收入，但月度上主要关注社会消费品零售总额这一数据。社会消费品零售总额的分项数据主要关注餐饮消费，以及限额以上单位主要商品零售数据。

第三，就业方面，主要由城镇调查失业率和城镇新增就业人数构成，反映了宏观经济的就业情况。这两个指标的短期变化并不明显，通常还可以结合 PMI 从业人员指数、其他市场调研数据等进行分析。

第四，其他方面，主要由 PMI 和侧面指标相关数据构成，较为全面地从不同角度反映了宏观经济的运行情况。PMI 发布时间最早，其分项指数非常丰富，不仅应当关注构成制造业 PMI 的五个分项指标，还应当关注其他分项指标。除 PMI 以外，用电量和货运量及其分项指标也是常用的侧面数据。

常用网站和数据资料一

国家统计局网站

（http://www.stats.gov.cn/）

国家统计局网站发布中国宏观经济数据，基本涵盖了月度、季度、年度和普查数据，并提供了数据搜索和下载的分析工具，还包括了一些数据简要的统计分析。

一般来说，每月的 9 号或 10 号左右，国家统计局会发布上个月的价格数据；月中会发布上个月主要的实体经济数据，包括工业、消费、投资、房地产、能源等数据；月末会发布上个月的工业企业效益和当月的 PMI 数据。每季度之后第一个月的月中，国家统计局会发布上一季度的 GDP 数据和居民收支情况数据。每年的 1 月月中，国家统计局会发布上一年国民经济和社会发展统计公报，涉及经济和社会方面的主要数据，这些数据经过调整修正后，连同其他数据，会收录在下半年发布的《中国统计年鉴》。

联合国数据网站、世界银行数据网站和国际货币基金组织数据网站

（https://www.un.org/en/databases/；https://data.worldbank.org/；https://www.imf.org/en/Data）

联合国、世界银行和国际货币基金组织的数据网站提供了包括中国在内的全球主要经济体的经济和社会发展数据指标,这些指标主要是年度数据,可以从全球或区域视角比较中国和其他经济体的宏观经济发展情况。此外,世界银行和国际货币基金组织每隔半年还会发布全球宏观经济展望。

第二部分

经济增长理论

第4章 经济增长导论

【学习目标】

掌握世界和中国经济增长的特征事实,理解经济增长理论的出发点。

【知识要求】

1. 牢固掌握中国经济增长的特征事实
2. 牢固掌握经济增长理论的逻辑框架
3. 一般掌握世界经济增长的特征事实

【内容安排】

一、世界经济增长

二、中国经济增长

三、理论出发点

一、世界经济增长

首先来了解关于世界各国经济增长的一些基本事实。图4-1画出了1960年以来一些国家人均GDP的增长情况。其中,人均GDP都是经过购买力平价调整后的实际值,因而不受价格的时间波动或国家差异的影响。购买力平价是根据各国物价水平调整人均GDP,使得同等GDP在每个国家的购买力相同。

可以看到,1960年以来各个国家经济增长的路径迥异。美国和英国基本维持了较为稳定的经济增长,增长速度并不高,但这已经足以使这两个国家

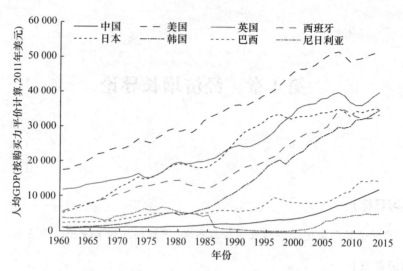

图 4-1 1960 年以来一些国家的人均 GDP 增长情况
数据来源：Penn World Table 9.0。

的人均 GDP 在 2014 年达到 1960 年的 3.0 倍和 3.4 倍。日本的经济增长在一开始显著快于美国和英国，人均 GDP 甚至一度超过英国，但最近 20 多年来由于经济增长停滞，人均 GDP 又再次被英国超越。西班牙和韩国也保持了快速的经济增长，特别是增长相对更快的韩国，人均 GDP 从 1960 年接近于中国的水平开始增长，到 2014 年已经高过西班牙，接近于日本。巴西在 1960 年人均 GDP 高于韩国，但之后经济并没有实现韩国那样的快速增长，到 2014 年仍然处于中等收入水平。尼日利亚经历了灾难式的经济增长，经济一度陷入萎缩，2000 年人均 GDP 仅为 1960 年的五分之一，尽管之后也实现了经济扩张，但当前仍是世界最贫穷的国家之一。最后来看中国，尽管 1960 年中国和韩国人均 GDP 水平相当，但经济增长起步较晚，与发达国家的差距只是在改革开放以后才显著缩小，到 2014 年人均 GDP 已经接近巴西水平，处于上中等收入国家行列。

经济增长停滞并不是尼日利亚或巴西等国所特有的，在许多贫困国家或中等收入国家都先后出现过，经济学家分别称之为"贫困陷阱"和"中等收入陷阱"。贫困陷阱是一个国家人均收入水平长期处于贫困水平的现象。比如，按照 2011 年购买力平价调整后，布隆迪、海地和刚果 1960 年的人均 GDP 分别为 656 美元、1 245 美元和 2 423 美元。尽管这三个国家的人均收入之间也存在较大差距,但与发达国家相比,都普遍处于贫困水平。到2010年,这三个国家的人均GDP分别为637美元、1 456美元和567美元,与半个世纪前的水平相比,经济长期停滞甚至出现倒退。中等收入陷阱是一个经济体经济增长到中等收入水平后长期停滞或增长缓慢的现象。世界银行发现,1960年的101个中等收入经济体中只有13个在2008年达到高收入水平。比如,日本、韩国、新加坡、中国香港地区和中国台湾地区等东亚经济体通过持续的高增长,先后达到高收入水平;而拉美和中东的大多数经济体在20世纪60和70年代达到中等收入水平后,经济一直停滞不前。

图4-2对比了全球主要经济体1960年和2010年的人均GDP对数值。多数经济体都处于45°线之上,意味着2010年人均GDP高于1960年的水平,这段时间都实现了正增长。尽管如此,大部分经济体在这半个世纪的时间内都处在贫困收入或中等收入区间,缓慢、停滞甚至倒退的经济增长没能使其摆脱贫困或中等收入,陷入了贫困陷阱或中等收入陷阱。

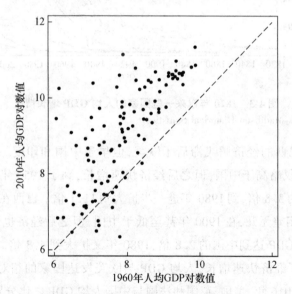

图4-2 全球主要经济体1960年和2010年人均GDP对比
数据来源:Penn World Table 9.0。

各国之间相对收入的差距并非第二次世界大战以后才出现,各国的经济增长在第二次世界大战之前更早的时期就已经表现出了很大的差异性,这至少可以追溯到西欧的工业革命。图4-3给出了1820年以来一些国家的人均

GDP 增长情况。使用 1990 年国际元衡量,1820 年中国的人均 GDP 为 671 国际元,美国和法国的人均 GDP 虽然高于中国,但不到中国的 2 倍,英国人均 GDP 更高,不过也不到中国的 3 倍。但到了 1950 年,美国、英国和法国的人均 GDP 已经分别达到中国的 19.1 倍、13.9 倍和 10.4 倍。先是西欧国家,之后是以美国为代表的西欧分支国家,通过工业革命实现了经济快速增长,人均收入与其他地区的差距显著扩大,这一现象被称为"大分流"现象。

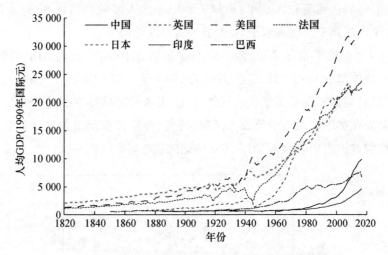

图 4-3　1820 年以来一些国家的人均 GDP 增长情况
数据来源:Maddison Historical Statistics。

日本和巴西的经济腾飞滞后于欧美,但早于中国和印度。日本在 1870 年人均 GDP 仅略高于中国,但之后经济快速增长,到了 1950 年人均 GDP 已经达到中国的 3.8 倍,到 1980 年进一步扩大到 11.1 倍。巴西在 1850 年人均 GDP 与中国相差无几,在 1900 年甚至低于中国,但之后经济也开始起飞,到 1950 年人均 GDP 达到中国的 2.8 倍,1980 年又扩大到 4.3 倍。中国在改革开放后实现了经济快速增长,人均 GDP 与欧美发达国家的相对差距开始快速缩小。到 2016 年,美国、英国和法国与中国人均 GDP 之比分别缩小为 3.4 倍、2.4 倍和 2.3 倍。印度也从 20 世纪 90 年代起实现了快速的经济增长,年均增速低于中国,但显著高于高收入国家,于是人均 GDP 与发达国家的差距也开始收敛。

总结世界经济增长的历史,可以得到一个基本事实。在工业革命之前,各国人均收入的差距并不大,但工业革命带来了大分流现象,各国经济先后走上了不同的增长路径。第二次世界大战以后,经济增长表现又进一步分化,有的国家实现了长期持续的经济增长,有的国家维持了一段时间的经济增长后又出现了停滞,有的国家经济起步较晚,有的国家经济长期停滞。可以说,最近200年左右的经济增长塑造了当前世界各国人均收入的不平等。

世界经济增长过程中还表现出两个重要的特征事实。第一个特征事实是卡尔多总结出的六个经济增长特征,通常被称为卡尔多事实。这六个特征分别是:(1)人均产出持续增长,但增长率并没有表现出下降趋势;(2)物质资本与劳动之比持续提高;(3)资本回报率基本保持恒定;(4)物质资本与产出之比基本保持恒定;(5)总收入中物质资本回报比重与劳动回报比重均基本保持恒定;(6)单位工人创造的产出的增长率在不同国家之间差别显著。卡尔多事实基本符合欧美发达国家和部分新兴经济体的经济增长过程,但与近期世界经济增长现实有所出入。比如,最近二三十年,发达国家的资本回报率、总收入中劳动回报比重均呈现下降趋势。卡尔多事实是否还能成立仍然有待进一步观察。

第二个特征事实是库兹涅茨总结出的经济增长过程中的产业结构转型特征,通常被称为库兹涅茨事实。产业结构转型是经济活动在第一、第二和第三产业的再配置过程,通常用三大产业的就业比重或产出比重来衡量。库兹涅茨事实提出,一个国家在经济增长过程中会出现普遍性的产业结构转型过程,表现为第一产业比重持续下降,第三产业比重持续上升,第二产业比重先上升,但人均收入达到一定水平后又会下降。无论用就业比重衡量还是用产出比重衡量,库兹涅茨事实都符合走上工业化道路的国家的经济增长现实。特别是发达国家在收入达到一定水平后,第二产业比重反而会出现下降,进一步推动第三产业比重上升,这一现象也被称为去工业化过程。

二、中国经济增长

1952—2018年,中国GDP平均每年增长8.1%,2018年GDP已经超过90万亿元。图4-4给出了1952—2018年中国历年GDP增长率。可以把这一时期进一步分为改革开放前和改革开放后两个阶段。在第一阶段,即

1952—1978年，尽管经济增长出现了大幅波动，但GDP年均增长速度仍然达到了6.2%。在第二阶段，即1978—2018年，经济增长相对于第一阶段更加平稳，GDP年均增长速度更是高达9.4%；2012年以来，尽管经济以低于8%的增长速度运行，但GDP年均增长速度仍然达到7.1%。

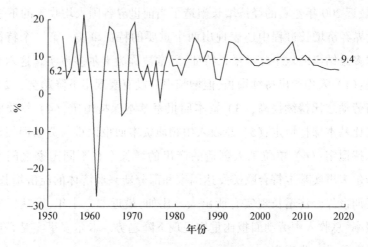

图4-4　1952—2018年中国GDP增长率
数据来源：中国国家统计局。

中国的高速经济增长创造了世界经济史上的一个奇迹。这一经济增长速度远高于同期发达国家平均2%—4%的增长速度。在中国之前，世界上增长最快的经济体是"东亚四小龙"。以韩国为例，在1960—2000年韩国增长最快的时期，GDP年均增速达到8.1%。在东亚四小龙之前，世界上增长最快的经济体是日本。在1950—1980年日本增长最快的时期，年均增长率为7.9%。这几个地区的经济增长虽然很快，但都低于中国改革开放以来的经济增长速度。迄今为止还没有一个国家像中国这样，在长达40年左右的时间里保持年均9%以上的经济增速。

长期快速的经济增长使中国成为世界经济总量最大的经济体之一。图4-5给出了世界银行使用名义汇率转化的中国、美国、欧元区和日本的名义GDP。中国GDP在2010年超越日本，成为仅次于美国和欧元区的第三大经济体。2018年，中国GDP超过13.6万亿美元，占世界经济总量的15.9%，约占美国的三分之二，与欧元区的差距缩小到1 000亿美元以内。使用名义汇率进行国际比较忽略了各国物价水平不一导致的货币购买力存在的差别，并且易受单边汇率波动的影响,国际货币基金组织(IMF)将 GDP 按照购买力平价进行了调整。根据 IMF 购买力平价调整的 GDP 数据,中国 GDP 已经在 2014 年超越美国,成为世界第一大经济体。

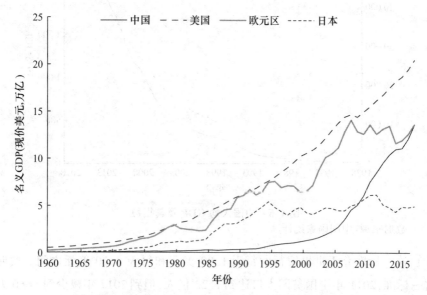

图 4-5　中国、美国、欧元区和日本的名义 GDP 对比
数据来源:世界银行世界发展指标。

从人均角度衡量,中国经济增长奇迹也体现为人均产出的快速增长,2019 年人均 GDP 已经超过 1 万美元。图 4-6 给出了中国改革开放以来人均 GDP 的增长情况。2017 年中国人均 GDP 达到 59 201 元,是 1978 年的 150 倍以上。剔除价格上涨因素后,2017 年人均 GDP 是 1978 年的 23.8 倍,年均增长 8.5%。

中国经济快速增长的一大成就是贫困率的显著下降。世界银行将每天 1.90 美元(按 2011 年购买力平价计算)收入设定为贫困线标准。如表 4-1 所示,根据这一标准,中国在 1990 年有多达 7.5 亿人口处于贫困线以下,占总人口比重达到 66.2%,但到 2015 年,贫困人口已经降至 960 万人,占总人口比重仅为 0.7%。按照世界银行每天 3.20 美元的中等偏低收入国家的贫困线标准,中国贫困人口数有所增加,但是快速下降的趋势仍然不变,贫困人口占总人口比重从 1990 年的 90.0% 下降到 2015 年的 7.0%。

中国政府最新的贫困线标准是每年人均收入 2 300 元(按照 2010 年不变

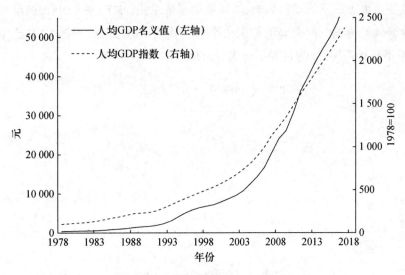

图 4-6 中国人均 GDP 及其指数

数据来源:中国国家统计局。

价),这一标准介于世界银行的每天 1.90 美元和每天 3.20 美元之间。按照这一标准,2011 年中国贫困人口达到 1.22 亿人,但到 2017 年减少到 1660 万人,以年均超过 1500 万人的速度减少。

表 4-1 世界银行贫困线标准下的中国贫困人口数和比重

年份	每天 1.90 美元标准		每天 3.20 美元标准	
	贫困人口数(万人)	占总人口比重(%)	贫困人口数(万人)	占总人口比重(%)
1990	75 149	66.2	102 167	90.0
1993	66 700	56.6	98 282	83.4
1996	50 772	41.7	88 759	72.9
1999	50 360	40.2	85 562	68.3
2002	40 589	31.7	73 879	57.7
2005	24 119	18.5	56 321	43.2
2008	19 605	14.8	45 833	34.6

(续表)

年份	每天 1.90 美元标准		每天 3.20 美元标准	
	贫困人口数（万人）	占总人口比重（%）	贫困人口数（万人）	占总人口比重（%）
2010	14 982	11.2	38 125	28.5
2011	10 619	7.9	31 587	23.5
2012	8 780	6.5	27 284	20.2
2013	2 579	1.9	16 424	12.1
2014	1 910	1.4	12 961	9.5
2015	960	0.7	9 599	7.0

数据来源：世界银行世界发展指标。

从中国改革开放以来的经济增长过程看，虽然中国的人均产出持续增长，但是人均产出增长率和资本回报率也在近期呈现了下降趋势，并且总收入中劳动回报比重也有所波动。因此，中国经济增长并不符合卡尔多事实。同期，中国经历了快速的结构转型。1978—2018 年，中国第一、第二和第三产业就业比重分别变化 -44.4 个、10.3 个和 34.1 个百分点，名义增加值比重分别变化 -20.5 个、-7.0 个和 27.6 个百分点。第二产业就业比重上升，第二产业产出比重在经历了缓慢上升后出现了下降。因此，中国经济增长符合库兹涅茨事实。

三、理论出发点

经济增长的理论出发点是，一个国家的潜在产出是资本和劳动等生产要素结合一定技术生产的，因而产出的长期增长无非就来自资本、劳动和技术的增长。资本、劳动和技术被认为是推动经济增长的直接因素。不同国家在资本积累、劳动增长和技术进步上表现出的差异性可以解释经济增长的差异性。如果一个国家的经济增长速度较快，那么一定是资本积累、劳动增长或技术进步保持了较快的速度；而如果一个国家的经济增长出现停滞，那么一定是没有能够实现资本积累、劳动增长或技术进步。

但是，这一答案并没有完全解释经济增长的差异性。需要进一步思考，为什么不同国家在资本积累、劳动增长或技术进步上的表现存在差别呢？经济增长理论进一步提出，在影响经济增长的资本、劳动和技术这些因素的背后，还有地理、文化和制度等根本因素在发挥作用。地理、文化和制度等根本因素通过影响资本积累、劳动增长或技术进步等直接因素，影响到经济增长。上述的这一关系可以由图4-7给出。

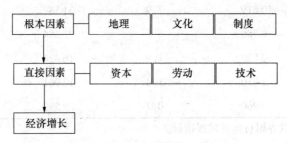

图 4-7　理解经济增长的逻辑框架

基于图4-7，本书的第二部分对经济增长理论的学习分为两步，由简入繁。首先学习决定经济增长的直接因素，依次讨论资本积累、劳动增长和技术进步的影响。之后学习决定经济增长的根本因素，依次讨论文化因素、地理因素和制度因素的作用。

本章小结

1. 最近200年左右的经济增长塑造了当前世界各国人均收入的不平等。

2. 世界经济增长过程表现出卡尔多事实和库兹涅茨事实两个重要的特征事实。

3. 中国的高速经济增长创造了世界经济史上的一个奇迹。

4. 中国经济增长符合库兹涅茨事实，但不符合卡尔多事实。

5. 推动经济增长的直接因素包括资本、劳动和技术等，而直接因素又受到地理、文化和制度等根本因素的影响。

关键术语

大分流　卡尔多事实　库兹涅茨事实　贫困线　经济增长的直接因素

经济增长的根本因素

思考题

1. 把本章所有的数据图更新到最新年度、季度或者月度。
2. 除了本章提到的直接因素和根本因素,还有什么因素会影响经济增长?

第 5 章 资本积累

【学习目标】

掌握索洛增长模型的经济机制及其关于资本积累的分析,理解中国投资对经济增长的影响。

【知识要求】

1. 牢固掌握索洛增长模型关于资本积累的分析
2. 牢固掌握中国投资对经济增长的影响
3. 一般掌握索洛增长模型的经济机制

【内容安排】

一、索洛增长模型
二、资本积累对经济增长的影响
三、中国投资驱动型经济增长趋势转变

一、索洛增长模型

索洛增长模型是经济增长理论中的基础性模型。这一模型考虑的是资本的动态变化。资本是指劳动力生产过程中使用的工具,包括设备和建筑,比如计算机、卡车、车间、道路等,土地也可以被视为一种特殊的资本。资本增加过程被称为资本积累。资本与劳动一起被称为生产要素。经济中的生产要素增加,总产出也就能够增长,即为经济增长。索洛增长模型关心资本积累是否能够持续推动经济增长。

资本的动态变化取决于投资和折旧之差。投资是对新资本品的购买,因而投资增加了资本存量;折旧是由于资本的使用寿命有限,每一时期总有一部分资本会被损耗掉,因而折旧减少了资本存量。可以把资本的动态变化总结为

$$资本增量 = 投资 - 折旧$$

在一个封闭经济中,投资与储蓄相等,而储蓄是收入的一部分。通常将储蓄与总产出之比定义为储蓄率,因此投资由储蓄率与总产出相乘得到。通常把折旧与资本之比定义为折旧率,衡量每一时期资本中有多少比例的部分被折旧掉。于是资本的动态变化变为

$$资本增量 = 储蓄率 \times 总产出 - 折旧率 \times 总资本$$

上式即为索洛增长模型。

二、资本积累对经济增长的影响

利用索洛增长模型,可以得到关于资本积累的两个结论。第一个结论是,一个国家的储蓄率越高,其投资率也就越高,这将带来更快的资本积累和经济增长。这一结论的隐含推论是,发展水平相似的不同国家之间,经济增长表现的差别由储蓄率和投资率决定。并且,由于更快的经济增长带来更高的收入,因此高收入国家的储蓄率应当普遍高于低收入国家。这些结论都得到了实际数据的支持。从世界各国的经济增长表现看,在第二次世界大战结束初期储蓄率或投资率更高的国家,在之后的几十年实现了更快的经济增长。并且,储蓄率或投资率都和人均收入高度相关,高收入国家的储蓄率或投资率往往也更高。

索洛增长模型关于资本积累的第二个结论是,投资带来的资本积累无法持续推动经济增长。为了理解这一结论,首先需要理解资本边际产量递减的概念。生产要素的增加将带来产出的增加,但边际产量关心每增加一单位生产要素会导致产出增加多少,即这一增量如何变化。资本的边际产量是指在劳动投入和技术水平保持不变的情况下,资本多增加一单位带来的新增产出。这一新增产出的多少取决于在多高的资本存量水平上增加一单位资本。索洛增长模型假设资本的边际产量是递减的,即资本的边际产量随着资本存

量的增加而逐渐减少。这一假设也是比较合理的。

比如,给一个办公室的文职人员配备计算机这一资本品,可以提高文职人员的工作效率,产出会增加,但是计算机的边际产量却是递减的。因为第一台计算机会分配给最需要的文职人员,或多个文职人员轮流使用以充分利用这台计算机,因此带来的新增产出也最大。但随着办公室中计算机数量的不断增加,工作中使用计算机频率较低的文职人员也配置了自己的计算机,带来的新增产出也会随之减少。更极端的情形是,如果每个文职人员都有了计算机,那么再增加计算机能够带来的新增产出将变得微乎其微。

现在回到索洛增长模型。根据该模型,资本积累是否持续无非取决于投资是否能够持续高于折旧,即补偿了折旧后是否还有剩余。而投资是储蓄率与总产出之积,折旧是折旧率与总资本之积,投资和折旧的相对大小最终将取决于总产出和总资本哪个增加得更快(乘以储蓄率和折旧率后)。随着资本存量的增加,总产出不断增加,投资也就是储蓄作为总产出的一部分,也会不断增加。但是,由于资本边际产量递减的性质,每增加一单位资本,总产出的增量不断减少,于是投资虽然在不断增加,增量却在不断减少。与之不同的是,每一时期新增的一单位资本中总有一部分需要被折旧掉。因此,随着资本存量的不断增加,最终的资本存量足够大,以至于再增加一单位资本,带来的产出和投资的增量已经很小,甚至无法弥补这一单位资本本身的折旧了。此时,资本存量也就不会再增加,经济增长也将无法持续。

这一结论的一个引申含义是存在所谓的追赶效应。在其他条件都相同的情况下,相对贫穷的国家更易于实现快速的经济增长。因为在贫穷国家中,工人缺乏现代化生产所需要的机器设备,甚至连最原始的工具都没有。此时,资本的边际产量非常大,少量的投资就能够极大地提高工人的生产效率,带来产出的快速增加。

总之,索洛增长模型提出,虽然投资带来的资本积累可以在一段时期内促进经济增长,但是由于资本对产出的边际贡献逐渐减少,伴随着人均资本和人均收入的提高,资本积累对经济增长的推动作用将逐渐减弱,依靠资本积累无法实现持续的经济增长。

如果低收入国家的经济增长更快,而高收入国家的经济增长相对较慢,那么国家之间人均收入的差距将会逐渐缩小,这一现象被称为经济增长的收敛。从第二次世界大战后各国的经济增长历史看,并没有出现经济增长的收敛现象。平均而言,开始时贫穷的国家并不比开始时富裕的国家经济增长得更快。因此,经济增长的绝对收敛现象并不存在。但是,如果选取具有类似文化和政策的经济体样本,比如经济合作与发展组织(OECD)国家,就会发现这些国家的人均收入以每年2%的速度相互趋同。世界经济体中的部分国家表现出了有条件的收敛,这被称为条件收敛现象。

索洛增长模型有助于理解经济增长的绝对收敛和条件收敛现象。根据索洛增长模型,各国经济增长存在差异性的原因是储蓄率和投资率的差别。低收入国家的经济增长并没有比高收入国家更快,是因为低收入国家的投资率普遍较低。一个解释是低收入国家生产投资品的技术水平更加落后,只能依靠有限的进口,导致投资品的价格相对于消费品的价格更高,这些国家的投资成本更高。因此,经济增长并没有表现出绝对收敛现象。但是在具有类似文化和政策的经济体之间,储蓄率或投资率的差别并不大。根据索洛增长模型,伴随着一个国家人均资本和人均收入水平的提高,资本积累对经济增长的推动作用将逐渐减弱,经济增长率也会逐渐下降。这意味着相似的投资率下,资本积累在低收入国家促进经济增长的作用要强于高收入国家,因此低收入国家应当能够实现更快的经济增长,于是将出现条件收敛现象。这在统计上也得到了验证。如果控制储蓄率和人口因素,那么更大样本量的国家之间的确出现了收敛现象。

条件收敛现象的典型案例是日本和德国在第二次世界大战后的增长奇迹。第二次世界大战摧毁了日本和德国大量的资本存量,1946年人均产出仅为战前水平的一半,显著低于美国。但是在接下来的几十年里,两国实现了快速的经济增长。1946—1972年,日本和德国人均产出的年均增长率分别为8.0%和6.5%,而同期美国仅为2.1%,两国与美国的人均收入差距不断收敛。索洛增长模型关于条件收敛的解释完全适用于日本和德国。并且,索洛增长模型进一步预测,伴随日本和德国人均收入提高到发达国家水平,资本积累对两国经济增长的推动作用会逐渐减弱,快速的经济增长不会一直持续,这也得到了验证。1972—2000年,日本和德国人均产出的年均增长率分别降至2.4%和1.8%,与美国已经相差无几。

如果资本积累无法持续推动经济增长,那么经济增长的动力来自什么呢？索洛增长模型进一步分析了人口增长的影响。人口增长带来了更多的劳动力供给,劳动作为一种生产要素,其本身的提高当然有助于总产出的增长。但是,经济增长更关注人均产出是否增长。索洛增长模型进一步提出,人均产出由人均资本决定。人口增长越快,人均资本就会越少,生产出的人均产出也就越少。而由于产出的一部分将用于储蓄和投资,于是人均投资也就越少,资本积累的速度将会变慢,导致人均产出以更慢的速度增加。因此,人口增长虽然有助于总产出的增加,却降低了人均产出增加的速度。

索洛增长模型提出,只有技术进步才能持续推动经济增长。除了资本和劳动等生产要素,影响产出的还有生产技术水平,即企业以多高的效率使用生产要素进行生产。使用同样数量的资本和劳动,技术水平越高的经济能够创造的产出越多。技术进步过程就是技术水平不断提高的过程。在索洛增长模型中,技术进步直接增加了总产出,并且由于总产出的一部分用于储蓄和投资,故更多的产出带来了更多的投资,促进了资本积累,这又会进一步增加总产出。因此,只要有持续的技术进步,产出水平就会不断提高。

可以看到,索洛增长模型从研究资本积累的动态过程出发,发现资本积累只能在一定阶段内推动经济增长,人口增长虽然有助于经济总量的增长,但是不利于人均产出的增长,归根结底,只有技术进步才能实现经济长期稳定的增长。因此,虽然资本积累和人口增长对英国与美国的经济增长产生了推动作用,但两国能够在长达200年的时间内实现经济持续增长,技术进步应是影响两国经济增长的主要因素。

三、中国投资驱动型经济增长趋势转变

改革开放以来,中国经济实现了快速增长,一个重要原因就是长期维持了较高的投资率。1978年以来,中国每年的投资率都保持在30%以上,特别是2000年以后呈现持续上升趋势,2003年以来从未低于40%,尽管近几年投资率有所下降,但也在45%左右。高投资率使得中国的资本存量在2015年达到1978年的近30倍,年均增长率接近10%,也推动中国经济在改革开放的前30年保持年均9.9%的增长速度。根据索洛增长模型,高投资率将带来快速的资本积累,推动经济快速增长,中国的投资驱动型经济增长模式为

此提供了一个典型证据。

但是,索洛增长模型也指出,依靠投资带来的资本积累无法持续推动经济增长。伴随着人均资本和人均收入的提高,经济增长速度会逐步放缓。中国近十年的经济增长也完全符合索洛增长模型。2008—2017年,中国GDP年均增长速度从之前30年的9.9%降至8.3%,从2010年起GDP增长速度逐年下降,直到2017年才出现增速回升,但依然低于7%。因此,投资驱动经济增长的作用正在逐渐减弱。正如索洛增长模型所言,资本回报率下降是重要原因。

图5-1给出了中国改革开放以来历年的资本回报率。可以看到,中国的资本回报率从20世纪90年代起基本呈现出下降趋势。在1995年之前,资本回报率基本保持在25%以上,之后尽管少数年份有所波动,但整体趋势是下降的。到2013年,资本回报率已经降至14.7%。如果计算剔除生产税和企业所得税后的资本回报率,可以发现也呈现出完全一致的趋势。税后资本回报率从20世纪90年代的15%以上持续下降到2013年的5.0%。

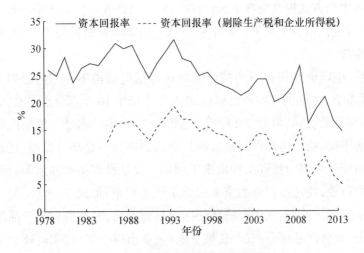

图5-1 中国资本回报率的变化趋势

数据来源:白重恩、张琼,《中国的资本回报率及其影响因素分析》,《世界经济》,2014年第10期,第3—30页。

索洛增长模型很好地解释了为什么中国改革开放前30年的投资驱动型经济增长模式是不可持续的,但是使用这一结论进行政策讨论时应当非常谨慎。

首先,投资驱动型经济增长模式不可持续,并不意味着当前投资不再重要,中国经济增长不再需要资本积累了。中国当前人均收入刚超过1万美元,仍然是一个中等收入国家,说明人均资本存量还没有达到发达国家水平。虽然经历了近40年的高速投资,资本边际产量逐渐递减,但资本边际产量仍然高于发达国家。从图5-1也可以看到,尽管中国的资本回报率持续下降,但当前仍然处于10%左右。这意味着投资带来的资本积累依然能够推动经济增长,只不过这种作用已经无法再创造前30年的成就了。因此,为了能够保持快速的经济增长,中国依然要依靠投资带来的资本积累。

其次,提倡调整总需求结构,扩大内需特别是消费需求,并不意味着要大幅降低投资率。长期以来,中国都是一个贸易顺差国,需求上对出口外需的依赖程度较高,这使得中国经济易受外需波动的影响。调整总需求结构,扩大内需特别是提高消费需求,有助于提高总需求和经济增长的稳定性。但是,一方面,提高消费率可以通过减少贸易顺差、维持国际收支平衡的途径达到,因此提高消费率并不意味着一定要降低投资率。另一方面,不宜过快以降低投资率的方式提高消费率,因为在还未达到高收入国家水平时就全部转向消费型经济,相当于丧失了资本积累这一经济增长的推动力,将可能使经济增速骤降。

最后,中国资本回报率的持续下降还有投资结构不合理的原因。从图5-1可以看到,中国的资本回报率在2009年下降了10个百分点左右,之后虽在2011年有所反弹,但到2013年已经低于2009年的水平。短期内资本回报率显著下降,资本边际产量递减的长期趋势应当只是部分原因,还有一个主要原因就是中国的投资结构出现了问题。大量投资集中在水泥、钢铁、煤炭等少数行业,使这些行业的资本得到了快速积累,形成了产能。但一旦经济的需求受到了冲击,或生产的环保标准显著提高,对这些行业产品的需求将会萎缩,致使产品库存积压、价格下跌,企业出现亏损,严重时还会引发债务问题。而企业短期内又无法将已经通过投资形成的资本转为生产其他产品,这就导致了产能过剩问题。为此,中国政府在2015年年底推出了供给侧结构性改革,提出了去产能、去库存、去杠杆、降成本、补短板的"三去一降一补"任务,一个目的就是化解过剩产能,优化投资结构。从2016年起,国家发改委每年制定明确的削减产能目标。这两年中国工业产能利用率得到了稳步提高,从2016年一季度的72.9%持续上升到2017年四季度的78.0%。

化解过剩产能,优化投资结构,会有助于提升资本回报率,为经济增长增添新的动力。

事实上,无论是自主创新还是产业升级,都依赖于投资结构的调整。第一,投资结构中包括了研发投入和无形资产投资,这些均是持续创新的重要保证。第二,投资有助于制造业升级,因为先进制造业的发展需要持续的研发投入和完善的基础设施,传统制造业转型也需要进行设备更新和技术改造,这些都离不开投资。第三,投资也有助于服务业的发展,因为基础设施对服务业全要素生产率有显著的促进作用,并且投资结构呈现了投资服务化趋势,即20世纪80年代以来全球主要经济体信息技术、商业服务、金融业等生产性服务业用于投资的比例显著上升。第四,5G、人工智能、工业互联网、物联网等新型基础设施投资将有效促进先进制造业和现代服务业的融合,推动技术革命和产业变革;当前投资中教育、卫生、文化和环保等民生社会领域所占比重偏低,加大民生基础设施投资也有助于补齐民生短板,扩大市场需求。

本章小结

1. 根据索洛增长模型,一个国家的储蓄率越高,投资率也就越高,这将带来更快的资本积累和经济增长,但是由于资本边际产量递减,这一模式无法持续推动经济增长。

2. 索洛增长模型提出,只有技术进步才能持续推动经济增长。

3. 中国投资驱动型经济增长模式不可持续,但是当前投资依然重要,通过优化投资结构提升资本回报率,仍然能够为经济增长增添新的动力。

关键术语

索洛增长模型　边际产量递减　经济增长的条件收敛　投资结构

思考题

1. 近期中国储蓄率和投资率发生了什么变化,未来中国经济增长需要什么样的投资?

第6章 人口增长

【学习目标】

掌握人口增长影响经济增长的经济理论,理解中国人口因素对经济增长的影响。

【知识要求】

1. 牢固掌握人口增长影响经济增长的经济机制
2. 牢固掌握中国人口红利和人口转变对经济增长的影响
3. 一般掌握马尔萨斯增长模型

【内容安排】

一、马尔萨斯增长模型

二、人口增长对经济增长的影响

三、中国的人口红利和人口转变

一、马尔萨斯增长模型

在索洛增长模型中,人口增长会降低人均收入,背后的经济机制是人口越多,平均来看每个工人使用的资本越少,生产出的人均产出也就越少。这一机制非常类似于马尔萨斯增长模型,两者都强调了人口增长对总量资本或收入的稀释作用。马尔萨斯增长模型认为,人口增长速度会随着人均收入的变化而变化,使得人均收入始终保持在生存线水平,即马尔萨斯陷阱。所谓生存线水平,就是刚好能够维持生存的最低收入水平。

马尔萨斯增长模型的关键假设是,两性之间的情欲是必需的,只要生存条件允许,生育率就会提高。根据这一假设,如果人均收入高于生存线水平,基本温饱得到保障,那么生育率就会上升,人口快速增长最终使得人均收入下降到生存线水平;如果人均收入低于生存线水平,基本生存都难以为继,饥荒或战争会随之出现,导致人口总量下降,使得人均收入又提高到生存线水平。因此,经济会表现出马尔萨斯循环,人均收入长期停留在生存线水平。马尔萨斯增长模型的一个政策含义是,抑制生育率和人口增长有助于提高人均收入水平。

马尔萨斯增长模型很好地解释了工业革命之前的农业经济。在工业革命之前,全球各个地区的人均收入基本稳定在较低水平,即便在部分地区出现过繁荣,也难以长期维持。欧洲中世纪爆发的黑死病也从另一方面验证了马尔萨斯理论。黑死病由东向西横扫了欧洲大陆,所到之处人口减半,人口的迅速减少提高了人均工资,使得之后的生育率显著上升,但人口总量的恢复最终又将人均收入拉回到了生存线水平。

但是,马尔萨斯增长模型没有预测到工业革命后的全球经济和人口变化。工业革命后,世界人口显著增加,但人均收入水平仍然能够不断提高。这说明总产出的增加足以抵消人口增长的影响,技术进步已经使每一个农民能够养活的人越来越多了。比如,当前只有大约1%的美国人在农场工作,但生产的食物足以养活所有美国人,并且还有多余的农产品用于出口。

马尔萨斯的模型也没有预测到人口转变现象。一个国家的人口增长率并没有随着人均收入的提高而提高,在工业化进程中普遍会出现先上升后下降的人口转变现象。此外,在现代生育控制手段下,马尔萨斯增长模型关于两性之间的情欲的假设也不再成立。如果人们可以控制生育率,那么人均收入达到一定水平后,人们选择的生育率都会出现下降。

人口转变是一个国家工业化进程中普遍发生的现象,是人口从数量型增长向质量型增长的转化过程。如图6-1所示,16—17世纪的殖民地时期和18—19世纪的工业革命之前,世界各地人口只有有限的增长,部分地区甚至出现人口总量萎缩。伴随着殖民运动和工业革命,西欧、西欧分支国家和东欧的人口增长率首先开始上升,但在19世纪末开始转变为持续放缓;尽管20世纪经历了几次波动,但人口增长放缓的趋势并没有改变。拉美和亚洲由于工业化起步较晚,人口转变主要发生在第二次世界大战后。而非洲也在21世纪初出现了人口增速下降的现象。从国家层面看,多数国家在工业化进程中,都会出现人口增长率先上升后下降的人口转变现象。

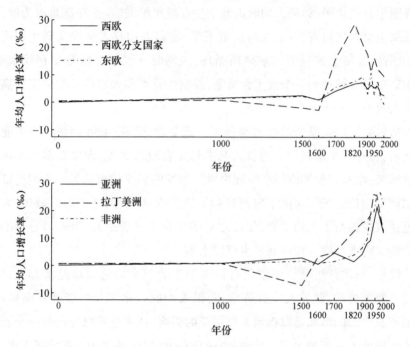

图6-1 世界各地区长期人口年均增长率的变化情况
数据来源:Maddison Historical Statistics。

现代经济学主要从家庭理性选择的角度分析人口转变,这一方法是由经济学家加里·贝克尔发展起来的。贝克尔认为,孩子的数量和质量(人力资本)能够给父母带来效用,但是养育和教育子女又需要支付成本,于是家庭生育行为可以转化为在预算约束下,通过选择孩子的数量和质量最大化效用的经济理性行为。根据这一分析思路,生育率随经济发展发生变化是收入效应和替代效应共同作用的结果,收入效应体现在收入上升导致生育率倾向于提高,替代效应体现在生育成本上升导致生育率倾向于降低。于是,人口转变发生的直接原因是家庭的生育选择由收入效应强于替代效应转化为替代效应强于收入效应。

研究表明,人力资本是促成这一转化的重要原因。人力资本是指劳动力通过教育、培训和经验而获得的知识与技能,还包括劳动力的健康程度。贝克尔和阿瑟·刘易斯提出了生育行为中数量和质量相互替代的关系。他们认为,孩子质量(人力资本)的收入弹性大于孩子数量,随着收入的提高,对孩子质量的投入上升将提高生育成本,导致生育率下降。那么,为什么孩子质量的收入弹性较大呢?经济学家进一步提出,技术进步提高了人力资本需求,使人力资本投入的边际回报上升,家庭将倾向于提高孩子质量,从而替代数量,使生育率下降。此外,技术进步和资本积累的过程还会缩小男女之间的工资差异,女性相对工资的上升增加了生育的机会成本,也会导致女性的劳动参与率上升和生育率下降。

二、人口增长对经济增长的影响

马尔萨斯增长模型认为人口对经济增长的影响只有负面的稀释作用。索洛增长模型主要关注资本和技术的作用,虽然模型中更多的人口有利于创造更多的产出,但稀释资本、降低人均收入的负面作用是主要的。这些模型都没有考虑人口对经济增长的正面作用。事实上,人口增长有利于形成劳动增长、资本积累、技术进步等经济增长的动力。

第一,人口增长有利于劳动增长和资本积累,形成人口红利。在人口快速增长的经济中,作为劳动力主力的年轻人口比重也较高,因而供给了更多的劳动力,直接提高了总产出。并且,由于年轻人口的储蓄率通常高于老年人口,人口快速增长的经济的总储蓄率和总投资率也会相对较高。因此,人口快速增长形成了有利于劳动增长和资本积累的人口年龄结构,成为推动经济增长的有利因素,这一作用被称为人口红利。

第二,人口增长有利于技术进步和企业家精神的形成。经济学家迈克尔·克莱默提出,世界人口增长是促进经济繁荣的关键驱动力。他发现,从长期来看,世界经济增长率的提高与世界人口的增加同步,人口越多的时期或地区实现的经济增长也越快。克莱默的解释是,更多的人口,将更可能产生能够推动技术创新和社会进步的科学家、企业家和工程师,因此也会实现更快的经济增长。最近还有研究表明,能够形成创新创业的企业家精神的一些特质会随着年龄的增长而逐渐减少,并且很多商业技能需要在更高层次的岗位上进行积累。于是,相对年长的人成为企业家的可能性更小,并且由于位居高位,也阻碍了相对年轻的人获得商业技能。因此,如果一个国家的人口增长越快,年轻人口的比重越高,那么企业家精神就越可能形成,产生推动经济增长的新产品或新技术,当然也能够实现更快的经济增长。此外,人口和劳动力资源的相对丰裕还可能降低相对工资,使劳动密集型产业产品的相对价格更低,在国际市场上形成比较优势,进而通过参与国际贸易提高生产要素的生产率。

第三,人口增长有利于人力资本的积累。虽然设备和建筑等物质资本更加具体,而知识与技能等人力资本难以直接测算,但人力资本也具有与物质资本类似的属性。正如物质资本的积累需要生产出新的投资品,人力资本的积累也需要教育、健康等形式的投入。比如,学生在学校接受教育,员工在企业接受各种形式的在职培训,工人在生产活动中技能越来越熟练,人们消费保健食品、花时间锻炼身体、购买医疗服务,等等,都可以看作是在生产人力资本。人力资本附着在劳动力身上,随着人力资本的积累,劳动力的生产效率不断提升,也有助于推动经济的增长。因此,有了人力资本的概念,人口就不再仅仅有数量这一个维度了,还有质量这个维度,人口本身也是一种可供开发的、拥有巨大潜能的资源。人口增长使得更多人口在积累人力资本,形成高质量的劳动力群体,有利于劳动生产率的提升和经济的增长。

三、中国的人口红利和人口转变

人口红利是中国改革开放以来经济快速增长的一个有利因素。如图 6-2 所示,尽管中国的总和生育率在 20 世纪 60 年代后期开始显著下降,但在改革开放之前,均保持在 3 以上。这意味着在改革开放的前 20 年,平均来看中国妇女一生会生育 3 个以上的孩子,这为改革开放以后的经济增长提供了有利的人口因素。

首先,劳动力供给显著提升,劳动力的年龄结构和城乡结构持续改善。1978—2015 年,中国劳动力供给和人口规模分别增长 65.3% 和 42.8%。如图 6-2 所示,15—64 岁劳动年龄人口比重从 1978 年的 57.9% 持续提高到 2010 年的 73.7%。作为一种生产要素,劳动力供给的提升直接提高了经济产出水平。并且,1978—2016 年城镇化率从 17.92% 提高到 57.35%,快速的

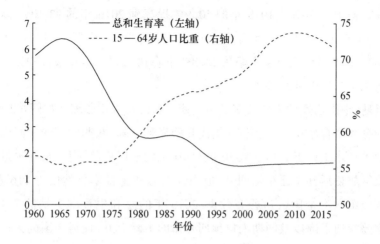

图 6-2　中国总和生育率和人口结构变化
数据来源：世界银行世界发展指标。

城镇化进程将大量劳动力从农村地区生产率相对较低的农业转移到城镇地区生产率相对较高的工业和服务业，也提高了劳动力总体的生产率。

其次，劳动力供给推动中国参与国际分工，提高了经济对外开放程度。人口规模大，劳动力供给快速增长，形成了中国劳动力成本低等比较优势。在经济全球化背景下，中国积极参与全球分工，大力引进外商直接投资发展加工制造业，承接国际产业转移。全球贸易的地区结构发生显著变化，中国作为世界加工厂的角色日益明显，从东盟各国、韩国等亚洲国家大量进口原材料和半成品，经加工组装后，再向美国、欧盟等国家和地区出口，亚洲国家向美国和欧盟地区的部分直接出口转变为通过中国的间接出口。

最后，人口年龄结构促进了储蓄率的提高。更加年轻化的家庭人口结构促使家庭将收入更多地用于储蓄，以满足未来的子女教育和老年消费。中国家庭储蓄占可支配收入的比重从1992年的29.5%持续上升到2010年的42.1%，人口年龄结构日益成为推动国民储蓄上升的主要因素。根据IMF的测算，当经济增长和利率保持不变时，仅人口年龄结构一项便可以解释一半的中国储蓄率上升。不过20世纪八九十年代的情况例外，这可能反映了随着这一时期旧的社保体系的瓦解，预防性储蓄有所增加。

总之，中国改革开放以来的经济增长享受了巨大的人口红利，并且同期劳动力质量也显著提升。在政府普及教育的政策推动下，人口受教育水平显著提高。初中升学率从1978年的40.9%提高到2016年的93.7%,高中升学率从1989年的24.6%提高到2016年的94.5%。根据全国人口普查数据,1982—2010年,人口文盲率从22.8%下降到4.1%,高中及高中以上人口比重从7.4%上升到23.0%。

但是,中国快速的人口转变已经促使人口红利逐步收缩。如图6-2所示,中国的总和生育率从20世纪60年代开始显著下降,在非常短的时间内快速下降到更替水平以下。尽管从20世纪90年代末以后趋于稳定,在最近几年生育政策放松后甚至还小幅回升,但当前的总和生育率仍然仅为1.6左右。如果按照第六次全国人口普查数据,2010年的总和生育率更是低至1.18。生育率的快速下降以及同期人口预期寿命的不断上升,使得中国的人口结构发生了显著转变。15—64岁的劳动年龄人口比重在2010年达到顶峰,之后转为下降;绝对数量在2013年达到顶峰,之后也转为下降。根据IMF的估计,未来30年中国的适龄劳动力可能减少1.7亿左右。2018年,劳动力供给总量开始转为下降。2019年,新出生人口数不足1 500万,为除1960年和1961年以外的最低水平。与此同时,中国的老龄化程度快速加深。65岁及以上老年人口比重在2000年就已经开始超过7%,达到联合国的老龄化社会标准,到2016年已经达到10.8%;老年抚养比也从2000年的9.9%上升到2016年的15.0%。

因此,从目前的人口年龄结构和生育率趋势看,中国的劳动力供给下降和老龄化继续加深是不可避免的,可以说,对中国改革开放以来经济增长贡献颇大的人口红利将持续收缩。最近几年劳动力成本的显著上升就是一个明显的证据。比如,2008—2017年,农民工月平均收入从1 340元上升到3 485元,年均增长11.2%。

在面对中国人口转变带来的人口红利收缩时,也应当看到中国劳动力供给仍然有很大的提升潜力。一是中国的快速城镇化进程仍会持续至少20年,当前的城镇化率还不到60%,仍有27.7%的劳动力在农业部门就业,距离发达国家的平均水平还有较大差距,城镇化进程仍会为工业和服务业提供大量劳动力,缓解劳动力供给总量的下降趋势。二是中国的劳动力质量正快速提高,1990—2015年出生的人口有4亿左右,在这当中差不多将有2亿人会接受高等教育,最近几年每年都有700万以上的大学毕业生进入劳动力市场,这将形成巨大规模的技术工人群体。三是中国的劳动力配置效率并不高,在区域间、行业间、职位间都存在较为严重的错配现象,通过改革劳动力市场、优化劳动力配置效率,可以大幅提升劳动生产率。

本章小结

1. 根据马尔萨斯增长模型,人口增长速度会随着人均收入的变化而变化,使经济陷入人均收入始终为生存线水平的马尔萨斯陷阱。

2. 马尔萨斯增长模型没有预测到工业革命以来世界各国普遍出现的人口增长率先上升后下降的人口转变现象。

3. 现代经济学从家庭理性选择的角度分析人口转变,生育率取决于父母在选择孩子数量和质量上的权衡。

4. 人口对经济增长有着重要的正面影响,有利于形成劳动增长、资本积累和技术进步等经济增长的动力。

5. 人口红利是中国改革开放以来经济增长的一个有利因素,当前快速的人口转变已经促使人口红利逐步收缩,但未来中国劳动力供给仍然有很大的提升潜力。

关键术语

马尔萨斯增长模型　人口转变　孩子数量和质量的替代　人口红利　企业家精神　人力资本　城镇化

思考题

1. 把本章所有的数据图更新到最新年度、季度或者月度。

2. 人口因素是未来中国经济增长的有利因素还是不利因素?什么样的人口增长对经济增长来说是最适合的?

第 7 章 技术进步

【学习目标】

掌握经济增长核算、技术的概念和内生增长理论,理解中国技术进步的发展过程。

【知识要求】

1. 牢固掌握经济增长核算和技术的两个维度
2. 牢固掌握中国技术进步的发展过程
3. 一般掌握内生增长理论关于技术进步的观点

【内容安排】

一、经济增长核算
二、技术的两个维度
三、内生增长理论
四、中国技术进步发展趋势

一、经济增长核算

索洛增长模型提出,只有技术进步才能够持续推动经济增长。那么,在现实中技术进步对经济增长的作用有多大,如何进行估计呢?一个方式就是使用生产函数来将生产过程模型化。现代经济中各种形式的生产活动的一个普遍特征就是劳动力在一定的生产技术条件下使用资本进行生产。可以用以下生产函数来表示这一特征,从而反映所有的生产活动:

产出 = 生产函数(资本, 劳动, 技术)

从这一生产函数易于看出,一个国家如果实现了资本积累、劳动增长或技术进步,产出水平就会提高。换个角度也可以说,如果一个国家产出增长,那么一定是资本积累、劳动增长或技术进步带来的,因此可以将经济增长进行如下分解:

产出增长 = 资本积累的作用 + 劳动增长的作用 + 技术进步的作用

从统计数据中可以知道产出增长的速度、资本积累的作用和劳动增长的作用,代入上式,就可以核算出技术进步的作用了。这种方式核算出来的技术通常也被称为全要素生产率,即核算了包括资本和劳动的全部生产要素的生产效率。这种将经济增长分解到生产要素和技术的作用的方式,也被称为经济增长核算。

对发达国家的经济增长核算表明,技术进步对发达国家经济增长的年均贡献基本在 1—2 个百分点左右,虽然与中国等发展中国家的经济增长速度相比并不高,但对于发达国家年均 2—3 个百分点的经济增长速度而言,推动作用是非常大的。

根据索洛增长模型,伴随着人均资本和人均收入的提高,资本积累对经济增长的推动作用逐渐减弱。由于不同国家之间的收入水平具有差异,资本积累对经济增长的贡献应当也是不同的。但是,技术进步对不同国家的影响是否也具有显著差异呢?可以借助经济增长核算的方法,来评估技术进步对经济增长的贡献。

首先关注技术进步对美国经济增长的作用。表 7-1 给出了美国经济增长核算的结果。可以看到,1948—2013 年,美国经济年均增长 3.5%,其中,资本积累和劳动增长分别推动经济增长 1.3% 和 1.0%,技术进步推动经济增长 1.2%。因此,这段时期的美国经济增长中,资本、劳动和技术的贡献大致相当。但是,如果把这段时期分为 1948—1972 年、1972—1995 年、1995—2013 年三个阶段,生产要素和技术的作用的相对大小就会有较为显著的差别。技术进步的贡献在 1948—1972 年达到 1.8%,在 1972—1995 年又降至 0.5%,很大程度上导致了前一阶段的经济相对快速增长和后一阶段的相对缓慢增长。到了 1995—2013 年,在信息技术和互联网技术的推动下,技术进步的贡献又升至 1.1%,但同期劳动增长的作用缩小到 0.6%,最终产出增长速度仍然低于前一时期。因此,技术进步对一个国家不同时期的影响是变化的,但是整体上相对稳定,波动幅度并不大。

表 7-1　美国经济增长核算

时间	产出增长	资本积累	劳动增长	技术进步
1948—2013 年	3.5	1.3	1.0	1.2
1948—1972 年	4.1	1.3	0.9	1.8
1972—1995 年	3.3	1.4	1.4	0.5
1995—2013 年	2.9	1.1	0.6	1.1

注:表中数据为年均增速,单位为百分点。
数据来源:美国劳工部。

利用经济增长核算,还可以比较不同国家和地区技术进步的快慢。表7-2 给出了一些国家和地区技术进步对经济增长的推动作用。在 20 世纪 60—80 年代,"东亚四小龙"和日本都实现了经济的快速增长,但是技术进步的年均速度却基本在2%左右,新加坡更是仅为0.2%。虽然同期加拿大的技术进步年均速度也仅为0.5%,但欧洲主要国家的技术进步年均速度都保持在1%—2%之间,因此东亚经济体的技术进步并没有显著快于欧美发达国家。这意味着在日本和东亚四小龙快速增长到高收入水平的过程中,资本和劳动等生产要素的积累发挥着更为重要的作用,技术进步的贡献相对有限。因此,技术进步对不同国家和地区的影响也是具有差异的,但是,由于技术进步本身的速度并不快,国家和地区之间的这一差异并不显著。当然,这里主要关注的是技术进步的速度,如果比较技术水平,不同国家和地区之间是有很大差距的。

表 7-2　不同国家和地区经济增长中的技术进步

国家和地区	时间	技术进步	国家和地区	时间	技术进步
日本	1960—1989 年	2.0	英国	1960—1989 年	1.3
韩国	1966—1990 年	1.7	法国	1960—1989 年	1.5
中国台湾地区	1966—1990 年	2.1	德国	1960—1989 年	1.6
中国香港地区	1966—1991 年	2.3	意大利	1960—1989 年	2.0
新加坡	1966—1990 年	0.2	加拿大	1960—1989 年	0.5

注:表中数据为年均增速,单位为百分点。
数据来源:Young, Alwyn, "The Tyranny of Numbers: Confronting the Statistical Realities of the East Asian Growth Experience", *Quarterly Journal of Economics*, 1995, vol.110, no.3, pp.641-680.

二、技术的两个维度

目前提到的技术的定义是非常宽泛的,可以从以下两个维度理解技术。技术的第一个维度是生产知识。新生产知识的发现可以使人们更有效率地使用资本和劳动。比如,现代很多生产活动需要使用计算机,计算机在以前是没有的。计算机技术这类知识的出现,提高了劳动者的工作效率,劳动者可以完成很多之前无法完成的任务。而且,计算机的运算速度还在以每两年翻倍的所谓摩尔法则不断提升,这体现了新生产知识的不断创造过程,也就是技术进步过程。

技术的第二个维度是生产要素配置效率。生产要素配置效率是指给定生产要素和生产知识,经济生产出多少产品的能力,这取决于经济如何配置生产要素。比如,如果让医生去开卡车,卡车司机去医院为病人诊疗,那么显然这个经济不会有很高的产出。如果能够改进人员配置,让医生和卡车司机各司其职,那么即使医疗技术和卡车性能不变,经济产出也会提高。因此,技术进步既可以是新生产知识的创造过程,也可以是生产要素配置效率的提高过程。

三、内生增长理论

索洛增长模型并没有解释技术进步是如何产生的,背后的影响因素和推动力是什么。20世纪80年代末发展起来的内生增长理论回答了这一问题。内生增长理论主要关注新生产知识的创造过程,这一理论有三个重要的观点。

内生增长理论的第一个观点是,一般性知识是一种公共品,具有较强的外部性,因而不同于资本等生产要素,生产知识的边际产量并不一定是递减的。经济学将具有消费的非竞争性和非排他性的物品称为公共品。生产活动对他人产生有利或不利的影响但不需要他人对此支付报酬或进行补偿的活动,被称作外部性。特定的技术知识与一般性知识不同。特定的技术知识,比如计算机芯片技术、汽车的发动机技术等,是可以申请专利的,专利持有者可以单独使用这种技术知识,具有排他性。而一般性知识具有非排他性,比如一个数学家不能为一项定理申请专利,任何人都可以使用这个定理去发现新的知识。一般性知识也具有消费的非竞争性，比如一个人使用这位数学家的定理并不妨碍其他人使用这个定理。一般性知识的公共品属性使得知识具有了外部性。新的一般性知识一旦被发现，很多人都可以从中受益，并不需要支付报酬，这体现了知识的正外部性。

一般性知识的公共品属性意味着可以将这一知识应用于各个可能的领域，而不是局限在某个企业内部，因而其边际产量就不一定是递减的了。过去几百年来科学与技术创新的不断加速正体现了这一点。事实上，不仅一般性知识，许多企业拥有专利保护的特定技术知识也是无法完全排他的，而是具有一定的正外部性。因为其他企业可以借鉴这种新技术去从事新的创新活动，发明其他产品，事实上很难找到哪种技术是可以完全排他的。

生产知识具有外溢性，通常意味着存在规模经济效应。一般而言，生产的规模报酬是不变的，即如果增加生产要素数量，那么产出将会等比例增加。但是当生产知识具有外溢性时，生产要素数量增加，各类生产活动相互促进，产出就会以更大比例增加。这就是规模经济效应。规模经济效应意味着一个国家的市场规模越大，越可能提升全要素生产率。当然，这一效应不仅通过生产知识相互外溢的渠道产生影响，而且还可能提升市场需求结构、增加种类，催生新业态和新产业；或者促使企业充分利用生产要素，降低平均成本；或者大幅提高成功创新产生的收益，激励企业创新活动等。

内生增长理论的第二个观点是，虽然一般性知识是公共品，但许多特定的生产知识是利润驱动的企业通过研究和开发的创新活动发现的。企业研究和开发的创新活动发现了新的生产知识，之后可能由于专利制度，也可能由于新进入市场的企业具有优势，企业将具有一定的市场垄断力量，从而可以获得垄断利润。因此，技术进步是由企业追逐创新带来的垄断利润的研发活动推动的。

这一观点具有重要的政策含义。首先，虽然福利经济学指出，垄断导致企业产量低于社会最优水平，造成了效率损失，但是如果从动态增长的视角看，如果没有垄断形成的利润，那么企业也就没有了创新活动的激励，技术进步将放缓，不利于经济增长。因此，政策上应当辩证地对待垄断现象，市场竞争环境下依靠创新活动形成的垄断是有利于经济增长的。其次，创新活动之所以能够给企业带来利润，一个重要的原因是专利制度为企业提供了保护。如果没有专利制度,其他企业都可以使用新的生产技术,那么最开始创新的企业的利润将很快被稀释,也就没有企业愿意付出成本、承担风险,去从事创新活动了。因此,专利保护制度是技术进步和经济增长的重要制度保证。

内生增长理论的第三个观点是,技术进步的过程也是创造性毁灭的过程。创造性毁灭的概念是经济学家约瑟夫·熊彼特提出的,他认为,技术进步背后的驱动力是那些拥有新产品或是旧产品的新生产技术的企业家。虽然新企业进入对消费者是好的,但是却不利于现存的企业。如果新产品比旧产品更好,或者旧产品的新生产技术明显好于旧生产技术,那么现存企业就很可能从市场中被淘汰,新企业取代现存企业。但是,新企业最终也会被下一代企业家创新的另一个产品所淘汰。因此,技术进步的过程就是新技术取代旧技术、新企业取代旧企业、新技能取代旧技能的创造性毁灭过程。

创造性毁灭观点的一个引申含义是技术进步驱动的经济增长虽然提高了人均收入,但并不是所有人都会从中受益,那些旧技术、旧技能的所有者在技术进步过程中被淘汰。因此,经济增长过程中既有赢家也有输家。这一过程所产生的输家,无论是个人还是企业,都可能成为反对技术变革的力量。比如,现存企业可能会形成政治团体,通过政治程序来制定市场管制政策,限制新企业的进入。拥有旧技能的劳动者也会形成工会,通过集体议价或罢工等方式保障自己的就业和收入,确保在新生产技术冲击下不被拥有新技能的劳动者所取代。

为了促进技术进步推动经济增长,政府可以采用更加积极的政策。例如,政府可以为基础研究和教育提供资金支持,以解决一般性知识的外部性问题。政府也需要通过专利制度保护知识产权,以激励企业从事研究和开发的创新活动。此外,政府还应深化生产要素市场改革,提高资本和劳动的流动性,以提高生产要素的配置效率。

四、中国技术进步发展趋势

改革开放以来,中国脱离了集中管理的创新体系,从计划型向市场型快速转变,并且不断加强自主创新,有效利用已取得的科技成果。为了赶超西方国家,中国保持着一个相对较高的科技投入。如图7-1所示,中国的研发强度在改革开放后经历了一段先下降后上升的转变。研发强度通常用研究和开发

(R&D)投入占 GDP 的比重衡量。

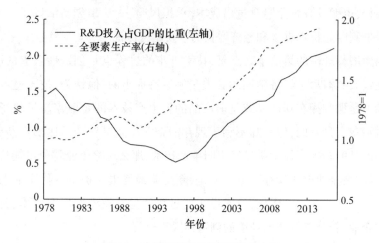

图 7-1　中国的研发强度与技术水平
数据来源：美联储圣路易斯分行经济数据库（FRED），中国国家统计局。

在 1998 年之前，中国研发强度整体呈现下降趋势，这既与科技创新体系改革有关，也体现了这一时期技术进步方式主要以吸收引进国外技术为主。中国吸收引进国外技术与外商直接投资密切相关。改革开放以后，中国巨大的国内市场吸引了大量国外企业投资，国外企业带来资本的同时也带来了先进的技术，这不但直接提高了中国的生产效率，也使得本土企业可以模仿和借鉴，从而提高自身的技术水平。一个典型的例子就是汽车行业，政府通过规定本地化生产比例和要求内资控股等方式，迫使外国投资者进行技术转移，中国汽车制造商也开始迅速崛起，涌现出吉利、比亚迪等民营汽车企业。

在 1998 年以后，中国的研发强度开始显著提高，从 1998 年的 0.56% 上升至 2016 年的 2.11%，已经接近欧美平均水平。如果考虑到同期中国经济总量的快速增长，那么实际研发投入总量上升得更快。当前中国的研发投入规模已经超越欧盟整体，仅次于美国。这意味着中国的技术进步已经从吸收引进向自主创新快速转变，同时也体现了技术追赶的必然要求。在技术水平相对落后阶段，一个国家往往可以具有后发优势，通过从国外直接引进先进技术，快速提高技术水平。但是随着一个国家的技术水平逐渐接近全球技术的可能性边界，吸收引进的空间将逐步缩小，再加上国外在一些核心技术上的封锁和保护，此时只能依靠自主创新来寻求技术的发展。此外，在国际科技竞争日益加剧的背景下,中国也将充分发挥新型举国体制优势,在具有基础性、全局性的关键技术上集中力量,大力投入,以寻求在新一轮科技革命中取得领先优势。

中国吸收引进国外技术以及大量的自主研发投入推动了技术进步。如图7-1所示,衡量技术水平的全要素生产率不断提升。1978—2014年,中国的技术水平提高了接近1倍,年均增长1.8%,接近"东亚四小龙"和日本快速经济增长期的增速。如果进一步分阶段来看,中国的技术进步速度正逐步加快。1978—1992年,全要素生产率年均增长1.2%;1992—2001年,年均增速提高到1.3%;2001—2014年,年均增速大幅提高到3.0%。因此,1998年以来中国快速增长的研发投入成效显著,自主创新逐步成为推动中国当前技术进步的重要力量。

中国技术进步的一个典型体现是高科技制造业的快速增长。如图7-2所示,中国高科技制造业增加值高速增长,总量先后超越日本和欧盟,与美国之比也从2003年的22.2%提高至2016年的76.8%。高技术产品出口也经历了爆发式增长,出口额从2002年的679亿美元增长到2016年的6 042亿美元,年均增长16.9%。

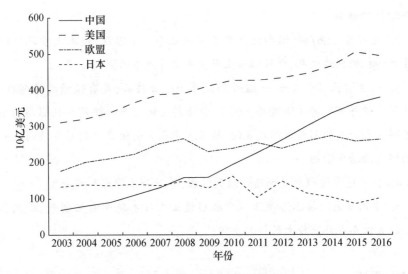

图7-2　中国高科技制造业增加值

数据来源:世界工业服务业数据库。

未来中国的技术进步除了可以依靠自主创新,生产要素的配置效率也具有较大的提升空间。当前,中国的生产要素,尤其是劳动力仍然在地区和产业间存在较为严重的错配现象。生产要素错配是指生产要素没能配置在生产效率更高的地方。比如,2016年中国农业增加值比重为8.6%,而农业就业比重为27.7%,这意味着农业劳动生产率仅为平均水平的31.0%,过多劳动力仍集中于劳动生产率相对较低的农业,这就是劳动力在产业部门间的错配现象。提高生产要素配置效率本身也是技术进步的一个重要维度。如果中国能够继续深化生产要素市场改革,那么将为技术进步增添新的动力。据相关研究估计,如果消除中国生产要素市场的扭曲,达到美国的配置效率,那么中国制造业的全要素生产率将提高30%—50%。

总结来看,在资本和劳动等生产要素的推动作用逐渐减弱的背景下,中国的经济增长需要更多依靠技术进步,中国经济增长的动能将从要素驱动转换为效率驱动和创新驱动。

本章小结

1. 经济增长核算可以计算一个国家的资本积累、劳动增长和技术进步对经济增长的影响。

2. 技术具有生产知识和生产要素配置效率两个维度,技术进步既可以是新生产知识的创造过程,也可以是生产要素配置效率的提高过程。

3. 内生增长理论认为,一般性知识是一种公共品,具有较强的外部性,因而边际产量并不一定是递减的。但是,许多特定的生产知识是利润驱动的企业通过研究和开发的创新活动发现的,技术进步是由企业追逐创新带来的垄断利润的研发活动推动的。

4. 技术进步过程也是创造性毁灭过程,并不会让所有人都受益。

5. 中国当前的技术进步正从吸收引进国外技术转向自主创新,并且生产要素配置效率也具有较大的提升空间。

关键术语

经济增长核算　生产知识　生产要素配置效率　公共品　外部性　垄断　创造性毁灭

思考题

1. 把本章所有的数据图更新到最新年度、季度或者月度。
2. 寻找中国领先世界水平的技术,思考为什么这项技术能够领先。
3. 寻找中国落后世界水平的技术,思考为什么这项技术仍然落后。
4. 什么因素可以促进中国未来的技术进步?

第8章 根本因素

【学习目标】

掌握关于影响经济增长的根本因素的理论。

【知识要求】

1. 牢固掌握经济增长的文化假说
2. 牢固掌握经济增长的制度假说
3. 一般掌握经济增长的地理假说

【内容安排】

一、地理假说

二、文化假说

三、制度假说

一、地理假说

地理假说认为,资源、气候和生态的差别决定了各个地区经济繁荣程度的差异。背后的原因主要分为三类。第一类原因是,地理因素决定了人的工作努力程度。比如,查理·路易·孟德斯鸠认为,气候炎热会使人们丧失力量,变得消极被动,缺乏进取精神。阿尔弗雷德·马歇尔认为,气候决定了种族特性,而种族特性又进一步决定了人的活力。第二类原因是,地理因素决定了可获得的资源和技术,特别是农业生产所需的资源和气候。比如,经济学家贾雷德·戴蒙德认为,各大陆的不平等,根源于动植物物种的不同特性影响了农业生产率,进而决定了能否发展复杂的经济组织和先进的文明。经济学家杰弗里·萨克斯认为,温带地区更适宜发展农业,而农业又是工业化发展的基础,因此拥有更发达农业技术的温带地区更早实现了工业化。第三类原因是,地理因素决定了人们的健康水平,而健康是人力资本的一个决定因素。比如,撒哈拉以南非洲国家,由于疟疾和登革热等传染疾病更易于传播而在经济发展上处于不利地位。

二、文化假说

文化假说认为,由于特定的共同经验、宗教教育、家庭纽带的力量和不成文的社会规范,不同社会对激励的反应不一样。文化被认为是个人和社会的价值、偏好及信念的一个关键决定因素,而这些差别在决定经济表现中起到关键作用。一些社会的价值观鼓励积累和投资、鼓励努力工作,并且易于接受新技术;但有的社会崇尚迷信,抵触新技术,且不鼓励努力工作。比如,北美和南美经济增长的差别被归因于殖民时代传播的文化差异,北美继承了英国的盎格鲁-撒克逊文化,倾向于投资和采用新技术,而南美继承了西班牙和葡萄牙的伊比利亚文化,缺少活力,观念保守。马克斯·韦伯认为,西欧工业化可以追溯到新教运动。他观察到新教地区比天主教地区更早进行工业化,增长也更快。他认为新教教义鼓励努力工作和储蓄,形成了资本主义精神,对推动经济增长起到了关键作用。

所谓东亚增长奇迹,是指先是日本,之后是"东亚四小龙"以及最近的中国所实现的较为长期的快速经济增长。东亚这些国家和地区的经济增长具有共同的特征,包括高储蓄率和高投资率、国民教育水平的快速上升、经济开放程度较高等,这些都是推动经济增长的有利因素。

图 8-1 给出了中国、日本和韩国的投资率。可以看到,中国、日本和韩国经济快速增长的同时都保持了较高的投资率。日本在 20 世纪六七十年代投资率基本保持在 30% 以上,但之后特别是 90 年代开始逐渐下降,经济增长也随之放缓。即便如此,当前日本的投资率依然高于美国。韩国也经历了投资率先上升后下降的过程,投资率一度高达 40% 左右,但在亚洲金融危机后,投资率基本稳定在 30% 左右。中国的投资率在 20 世纪 60 年代和 90 年代经历

了大幅波动,但整体上仍然呈现逐步上升趋势,特别是在 2004 年以后,投资率已经显著提高到 40% 以上。与此对比,图 8-1 也给出了美国和巴西的投资率。美国的投资率基本稳定在 20% 左右,巴西的投资率与美国较为接近,但波动大于美国。因此,中国、日本和韩国的投资率显著高于美国和巴西,高投资率成为这些国家经济快速增长的重要推动力。

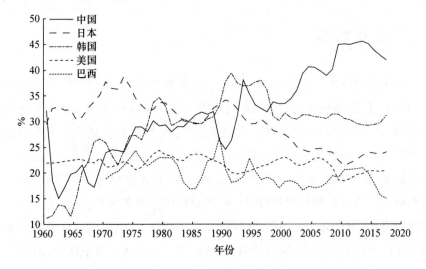

图 8-1　一些国家的投资率对比
数据来源:世界银行世界发展指标。

那么,为什么东亚的这些国家和地区能够普遍实现增长奇迹,而在其他地区却非常少见呢?高投资率、教育普及、经济开放等当然是直接原因,但形成这些因素的背后动力是什么呢?一种观点认为,这些国家和地区同属于中华儒家文化圈,儒家文化崇尚勤俭节约、努力工作、重视教育和兼容并包,这与韦伯总结的新教伦理形成的资本主义精神非常类似。崇尚勤俭节约将带来高储蓄率和高投资率,有利于资本积累。重视教育和努力工作提升了人力资本水平和劳动效率。兼容并包的文化包容性有利于经济开放,也易于学习引进国外先进科学技术。此外,儒家文化还强调社会秩序与尊重权威,这也有利于社会稳定和新制度的推行。因此,这些国家和地区在政治上实现了稳定和平、在经济上确立了市场经济制度后,儒家文化将推动其实现快速的经济增长。

三、制度假说

制度假说认为,制度的差别是世界各地经济增长表现存在差别的原因。根据经济学家道格拉斯·诺斯的定义,制度是社会中的博弈规则,或者更正式地说,制度是人们设计的影响人们互动的约束。支配一个社会的组织方式的正式规则和非正式规则都可以被视作制度,包括法律和规章等。制度对人们的行为施加了约束,这种约束限制了人们的选择,而人们的选择可能有利于也可能不利于经济增长,因此对于经济增长而言,制度本身有好有坏。不过制度是社会成员决定的,这也意味着制度是可以改变和发展的。不同的社会通常有不同的制度,这些不同的制度对人们的选择施加了不同的约束条件,创造出了不同类型的激励,而这些激励下的选择决定了社会积累生产要素和采用新技术的速度。

制度假说认为,私有产权制度是经济制度促进经济增长的重要机制。私有产权意味着居民能持有企业、住房、储蓄和许多其他财产而不用担心政府或其他人随意剥夺。私有产权制度下,人们持有企业和资产才有安全感,才有激励投资或提高生产率。如果预期企业所有权或收益可能随时被他人侵占,那么企业所有者就不会有动力进行投资,扩大生产规模。如果预期自己积累的资产不会受到保护,那么个人也不会有积极性接受教育并努力工作以提高收入和积累财富。因此,政府是否能够维护法律和秩序,保障居民财产权和市场交易活动,是经济增长的必要前提。

制度假说的一个证据是财富逆转现象。从 15 世纪末开始,欧洲殖民者在世界各地建立了殖民地,但他们在不同的殖民地采用了大不相同的制度。这些殖民地之后出现了财富逆转现象:1500 年时城市化率相对更高、经济相对更繁荣的地区,比如墨西哥、秘鲁、北非和印度等在今天变得相对贫困;而曾经人烟稀少、几乎没有城市化的地区,比如北美、澳大利亚和新西兰等在今天却变得相对富裕。正是这些欧洲殖民地的制度在 500 年前被外来势力所改变,才导致了财富逆转。欧洲殖民者在繁荣的人口众多的殖民地建立了专制制度,以攫取资源和财富,当地人没有安全的产权;而在移民定居的原本人口稀少的殖民地,欧洲殖民者则沿用了本国的产权保护制度和法律政治制度。这些殖民地不同的制度导致了之后经济增长路径的差异性。如果不只考察殖民地国家，而把更多国家纳入进来，或是不只与1500年对比，而比较其他更长或更短的时期，都没有出现财富逆转现象。因此，财富逆转可能只发生在500年前的殖民地国家，而这些国家当时最重要的变化就是制度，这正说明了制度是影响经济增长的重要因素。

地理、文化和制度并非独立的，这些因素之间也会相互作用。比如，地理因素影响了制度的形成。有研究表明，17—19世纪，赤道地区的炎热气候和疾病负担增大了殖民者的患病风险，因此欧洲殖民者选择定居在气候更温和、卫生条件更好的地区。在大量欧洲人移居的地区，殖民者建立了欧洲保护个人产权和限制政府权力的制度；但在赤道地区，殖民者强化或建立了掠夺性制度，以有利于他们攫取资源。再比如，文化因素也可以影响制度的发展。有研究表明，不同信任程度的社会对保护投资者和金融监管的要求程度会有很大差别，虽然法律制度可以保护金融交易，但信任程度低的社会执法成本会很高。因此，社会信任等文化因素影响了金融制度和金融监管的发展。

本章小结

1. 地理假说认为，地理因素决定了人的工作努力程度、可获得的资源和技术，以及人的健康水平，进而决定了各个地区经济繁荣程度的差异。

2. 文化假说认为，文化是个人和社会的价值、偏好及信念的一个关键决定因素，而这些差别在决定经济表现中起到了关键作用。

3. 制度假说认为，制度的差别是世界各地经济增长表现存在差别的原因，私有产权制度是经济制度促进经济增长的重要机制。

4. 制度是支配一个社会的组织方式的正式规则和非正式规则，包括法律和规章等。

5. 地理、文化和制度并非独立的，这些因素之间也会相互作用。

关键术语

地理假说　文化假说　制度假说　儒家文化　私有产权制度　财富逆转

思考题

1. 从地理、文化和制度角度,解释改革开放以来中国经济增长为什么能够成功。
2. 未来中国实现持续的经济增长,需要在哪些领域进行制度改革?

专题二:中国经济增长分析逻辑

本专题将本部分介绍的经济增长理论逻辑应用于分析中国经济增长,具体结构如图 A2 所示。中国经济增长分析逻辑是增长动能已经转换,从要素驱动逐步转向了效率驱动和创新驱动,而不同趋动力的内部结构和发展趋势又存在差异。

第一,要素驱动来自资本、劳动和土地等生产要素的增长。一个重要趋势是总量影响难以长期持续,但目前结构上仍然有很大的提升潜力。

资本方面,一方面,由于长期高投资率,中国投资的回报率正逐渐降低,对经济增长的贡献将会逐步减小,这一增长模式难以长期持续。但是另一方面,目前中国的人均资本、人均基础设施水平仍然相对较低,投资回报率仍然高于世界多数国家,投资对经济增长仍有重要的推动作用,而且投资结构具有较大的优化空间。无论是自主创新还是产业升级,都依赖于持续的投资,如在研发等无形资产、5G、人工智能、工业互联网、物联网等新型基础设施,以及新业态、新模式和新产业上的投入依然十分重要。

劳动方面,一方面,中国的人口红利开始收缩,在全球产业链中的比较优势正逐步减弱,虽然完整的产业链、完善的基础设施以及人口政策调整有助于延缓这一过程,但长期下这一趋势难以逆转。但是另一方面,在城镇化进一步深入和劳动力质量提升等过程中,通过优化劳动结构不断壮大人才资源,劳动仍然可以成为一个重要的经济增长推动因素。

土地方面,中国地方政府以相对廉价的工业用地供给配合完善的基础设施和优惠的信贷税费政策,吸引制造业企业投资生产,推动了人口向城镇地区流动,抬升了商业和住宅用地价格。地方政府通过出让商业用地获得了大量收入,从而继续进行基础设施建设投资。这一土地供给的二元模式推动了中国制造业兴起、基础设施建设投资和房地产开发,为城镇化进程和经济增

专题二：中国经济增长分析逻辑

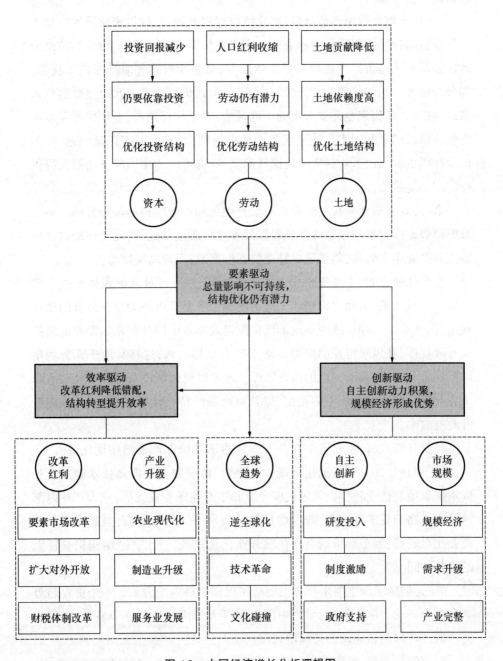

图 A2　中国经济增长分析逻辑图

长增添了重要动力。

但是,土地贡献率逐渐降低、产业结构转型升级、基础设施建设和房地产开发投资增速趋缓等因素意味着这一模式在长期也难以为继,而且当前部分地区过高的土地价格大幅抬升了企业成本,对企业投资和生产形成了拖累。部分产业对土地的依赖程度依然较高,土地出让仍然是地方政府重要的收入来源,城市人口集聚也需要大量的土地供给,因此从长期看,土地依然可以成为经济增长的有利因素。通过优化土地供给结构、盘活城市存量土地、完善征地补偿机制和改革农村宅基地流转制度等,都可以为中国经济的增长提供稳定的土地供给。

第二,效率驱动来自生产要素的配置优化和产业结构的转型升级。一个重要趋势是通过推动改革降低要素错配程度释放改革红利,通过推动结构转型提升产业生产效率,将显著提升全要素生产率,实现高质量增长。

改革红利方面,主要集中在要素市场改革、对外开放和财税体制改革等方面。金融体系、劳动力市场和土地市场等生产要素市场均存在显著的错配现象,仍然需要依赖于进一步改革优化配置效率。中国经济依然需要继续扩大开放程度,在风险可控的前提下逐步扩大市场准入,这将有助于充分利用国际资本和技术,调动国内的闲置资源。通过财税体制改革缓和中央政府和地方政府在财权和事权上的错配,以及对市场经济活动的过分干预,从而提升政府效率。

产业升级方面,主要集中在三大产业内部升级和产业结构优化等方面。一方面,通过加快农业机械化和规模化经营、传统制造业向高技术制造业和资本密集型制造业转型以及现代服务业和生产性服务业发展,三大产业内部将显著提高全要素生产率,降低能耗和污染水平。另一方面,当前中国农业就业比重较高、服务业特别是现代服务业比重较低,三次产业结构仍有很大的优化空间。

第三,创新驱动主要来自自主创新和规模经济两个方面。一个重要趋势是自主创新动力逐步积聚,加之中国规模巨大的市场优势逐步显现,有助于经济最终转向创新驱动的持续增长模式。

自主创新方面,既依赖于一定的制度环境激励企业进行研发创新投入,也依赖于政府对具有基础设施属性的重大技术进行直接投入。当然,在很长的一段时期内,特别是研发和生产活动的全球分工背景下,中国的自主创新过程仍然要依赖于学习借鉴国外先进技术。

市场规模方面,中国相对其他国家具有明显的优势,将优势逐步转化为生产力,将为中国的创新驱动提供独特的动力。中国市场规模巨大,中等收入阶层和工程师数量将位居全球第一,有望发挥规模经济潜力,提升市场需求结构、增加种类,催生新业态和新产业。面对巨大的市场规模,一项成功的创新能够快速产生高额收益,具有较强的激励作用。创新活动的外溢性、市场需求的多样化和持续升级,也有助于提高创新效率。此外,中国工业产业链完整,基础设施完善,也有利于降低企业创新和生产的平均成本,发挥规模经济效应。

第四,中国长期经济增长的外部环境已经发生了质的变化,逆全球化、新技术革命和中西文化碰撞是未来重要的全球趋势,将对中国经济严生深远影响。

第五,尽管中国经济的潜在增速已经下行,但是要素驱动和效率驱动仍有很大潜力,创新驱动也有望得益于集中力量办大事的制度优势和巨大规模的市场优势,因此与其他国家相比,中国长期经济增长仍有望保持较快速度。

常用网站和数据资料二

中国共产党历次全国代表大会和中央委员会全体会议

中国共产党历次全国代表大会数据库报道了历届中国共产党全国代表大会的开幕和闭幕情况与主要决议,以及每届中央委员会全体会议的公报、决定或决议。

在每届中国共产党全国代表大会上,总书记代表上届中央委员会向大会作报告,并选举产生新一届中央委员会。之后五年中央委员会将就一些重大专题召开 7 次全体会议,并形成决定或决议。每届中国共产党全国代表大会上总书记的报告和中央委员会全体会议上通过的决定或决议,为中国政治、经济和社会发展提供了长期战略部署和目标任务,因此是影响中国长期经济走势的重要会议。

中国国民经济和社会发展五年规划纲要

中国每隔五年制定国民经济和社会发展五年规划纲要,如2016—2020年的"十三五"规划,2021—2025年的"十四五"规划,以此类推。五年规划纲要阐明了中国国家战略意图,明确了经济社会发展目标、主要任务和重大举措,是预判中国五年经济社会发展的重要参考。

第三部分

货币和通货膨胀

第 9 章 货 币

【学习目标】

掌握货币和利率的定义、货币供给的理论机制和利率的均衡分析,了解中国货币、信贷和利率数据的经济含义及分项特征。

【知识要求】

1. 牢固掌握货币供给的理论机制和中国相关数据
2. 牢固掌握利率的均衡分析和中国相关数据
3. 一般掌握货币的定义

【内容安排】

一、定义
二、货币供给
三、利率

一、定义

货币通常被认为是易于用于交易的资产,具有价值储藏、度量单位和交易媒介等三个基本职能。货币的价值储藏职能是指货币能够储藏未来的支付能力。比如某个人持有货币,就可以在未来随时购买产品,但在购买之前的这段时间,这个人实际上是以货币形式将未来的购买力暂时储藏起来。

货币的度量单位职能是指货币提供了商品的计价单位。现实交易中,通常使用货币来衡量不同商品的价格,从而使得经济参与者易于比较和选择。

类似地,如投资交易的本金和收益、借贷关系等也是使用货币进行度量。

货币的交易媒介职能是指货币能够用于满足产品和服务的交易。人们可以使用货币购买市场上任意的商品,这也使得人们愿意将商品出售给其他人而获得货币,这体现了货币的高流动性特点。流动性是指资产可以交换其他产品和服务的难易程度。显然,货币的流动性是非常高的。其他资产,比如房产或股票,虽然也能够交换其他产品和服务,但是交易上可能会相对复杂,并不容易,因而流动性是低于货币的。在现实使用中,通常也把流动性和货币本身等价,比如流动性增加即为货币供给增加。

货币可以分为商品货币和法定货币两类。商品货币是指本身就具有价值的商品,只不过行使了货币职能,比如黄金、白银等。法定货币是指本身不具有价值的货币,比如纸币等。纸币本身只是一张纸,其价值相对于所能购买的商品价值几乎可以忽略不计,之所以能够行使货币职能,是因为纸币是由国家法律规定为货币的。

人类社会长期以来使用的货币主要是商品货币,黄金是最普遍的商品货币。之后,政府发行纸币,并承诺随时愿意以固定的比例将纸币交换成黄金。在政府信用的担保下,人们就会使用纸币进行交易,而放弃选择携带不方便、成色和质量难以衡量的黄金。无论是直接使用黄金,还是使用可以兑换黄金的纸币,这些货币制度通常都被称为金本位制。随着人们逐渐选择纸币进行交易,并且随时可以使用纸币交换到需要的产品和服务,就不再需要交换成黄金等商品货币了,以至于人们都不再在意是否能够把纸币交换成黄金等法定货币。此时,即使政府不再接受纸币来兑换黄金,也不会影响人们使用纸币进行相应交易,金本位制也就被现代经济下的法定货币所取代。人们使用法定货币,都认定法定货币具有价值,并且知道其他人也认定法定货币具有价值,因而不具有价值的法定货币也能够行使货币的职能,这是由政府和法律所形成的一种社会规范。

2009年,一个名叫中本聪的未露面的计算机专家发明了比特币。比特币被设计成以电子形式存在的货币,人们可以通过使用计算机解答复杂的数学问题来获得比特币。根据比特币的设计,比特币的数量被设定在2 100万单位。人们获得比特币后,可以在比特币交易平台上与美元或其他货币进行买卖,交换比例即为比特币的价格。由于比特币采用了所谓的区块链技术,具有如分布式管理、开放访问、安全加密等独特属性,因此在理论上能够解决金融服务的信用和安全问题。

  有的观点认为比特币总量固定,不会出现像一个国家的政府或央行大量发行货币导致货币贬值那样的情况,因而比特币的价值是稳定的。如果比特币能够随时交易现有的货币,那么在未来就如同法定货币取代了黄金一样,比特币取代现有货币,成为超越每个国家主权范围的通用货币。这一观点与认为黄金价格稳定、应当回到金本位制的观点是类似的,但这两种观点都是值得商榷的。因为无论是比特币还是黄金的价格,都受到供求变化的影响,并不是稳定不变的,甚至往往波动非常剧烈。首先,比特币和黄金的供给并不是稳定的。在比特币没有达到上限前,全球用于挖掘比特币的算力决定了比特币的供给速度,这与比特币的计算成本及价格密切相关。黄金的供给也与黄金储量、央行决策等多种因素密切相关。

  其次,无论是使用法定货币还是商品货币,通货膨胀或通货紧缩都是无法避免的。下一部分将学到,通货膨胀是总需求和总供给共同决定的结果,并不取决于货币供给这一单一因素。比如在金本位制下,产品供给不断增长,而黄金供给没有同步增长,那么就会导致同一商品使用黄金度量的价格下降。因而在金本位制度下,通货紧缩是经常出现的现象,而通货紧缩对于宏观经济的负面影响是很大的。

  此外,历史上的黄金能够作为超主权货币,是因为黄金本身是商品货币,具有价值。最近出现的超主权货币欧元之所以能够成为法定货币,是因为其拥有欧元区各国政府的信用支持。从这一角度来看,比特币想要成为超主权货币,要么需要被各个国家的政府所接受,要么只能依托于市场自发形成的信用。目前来看,达成这些条件的难度是很大的。

  因此,比特币既不是商品货币,也不是法定货币。当前比特币的交易中投机动机较强,一些项目试图绕过监管达到洗钱等目的,导致比特币价格波动非常剧烈,其波动性已经远高于历史上的著名资产泡沫。除了比特币,其他类似的数字货币也相继涌现,但它们本质上都与比特币并无太大区别。

  2019年,脸书(Facebook)推出了数字货币天秤币(Libra),由总部设在日内瓦的天秤币协会进行管理。与比特币一样,天秤币采用了安全可靠的区块链技术,但是与比特币不同的是,每个新创建的天秤币都有对应价值的一篮子货币和短期政府债券,这类似于金本位制下的纸币。目前,天秤币对应的一篮子货币中以美元为主,这也类似于盯住美元的固定汇率制。天秤币协会试图将天秤币打造为币值稳定、交易安全、全球普遍接受的超主权货币。虽然天秤币背后对应了一定的资产储备(天秤币储备),在跨境支付等业务场景中可能具有一定优势,但目前仍然没有国家信用支持,也没有清晰的币值调控机制,很难成为真正意义上的超主权货币。

二、货币供给

货币供给衡量了经济中货币的总量,通常由 M0、M1 和 M2 衡量。M0 是指流通中的货币,也被简称为通货。M1 是 M0 加上单位活期存款,但是并不包括个人活期存款。M2 是 M1 再加上单位定期存款、个人储蓄存款和其他存款。从 2011 年 10 月起,中国把住房公积金中心存款和非存款类金融机构在存款类金融机构的存款也纳入了 M2。M1 有时也被称为货币,M2 被称为货币和准货币。因此,M0、M1 和 M2 衡量货币供给的口径依次扩大。货币供给是存量概念的数据,每个月都会发布上月末这个时点 M0、M1 和 M2 的数据。其中,M2 是最常使用的衡量货币供给的指标。

存款之所以被计入货币供给,是因为现实交易中存款也可以通过直接转账的形式发挥货币的职能。事实上,存款也只是银行系统的电子数字而已,也可以看成是一种电子货币。由于中国 M0 与 M2 之比已经低于 5%,可以说中国货币供给中 95% 以上都是存款形式的电子货币。从这一角度来讲,比特币等所谓的数字货币并非新鲜的事物。中国人民银行目前已经开始试点数字货币,未来有望取代 M0,甚至可能会使存款基本消失。此外,中央银行发行的数字货币在跨境交易、移动支付、安全可追踪等方面都可能有广阔的应用前景。

中央银行与商业银行构成的现代银行体系是创造货币供给的基本制度。一般而言,商业银行从公众那里吸纳存款,被视为商业银行的负债,即商业银行对公众的欠款。商业银行为企业和个人发放贷款,被视为商业银行的资产,即企业和个人对商业银行的欠款。商业银行为存款支付利息,从贷款获得利息,利息差构成了商业银行的收入。商业银行以利润最大化为目标。不同于商业银行,中央银行不直接与企业和个人进行交易,也并非以利润最大化为目标,但中央银行可以通过调节货币供给稳定经济波动和推动经济增长。中央银行也经常被简称为央行。

商业银行理论上倾向于把吸纳的存款全部贷款出去,以获得最多的利息收入。但是现实中商业银行基于项目风险和收益等实际业务考虑以及监管要求,往往会把部分存款存放在中央银行的账户中。这部分存款被称为准备金,中央银行存放的账户被称为准备金账户,准备金占存款的比例被称为准备金率。准备金也是商业银行的资产,相当于中央银行对商业银行的负债。准备金被锁定在中央银行账户中,没有在市场上流通,因此并不计入货币供给。

出于防范金融风险的需要,中央银行规定商业银行必须将存款的一部分作为法定准备金存放在中央银行。也就是说,商业银行的准备金中有一部分是中央银行强制要求存放的法定准备金,剩余超出的部分被称为超额准备金。法定准备金和超额准备金占存款的比例分别被称为法定准备金率和超额准备金率。

通货和准备金之和被定义为中央银行的基础货币。基础货币是中央银行可以直接调节的货币,下文将详细讨论中央银行控制基础货币的工具。中国的基础货币也被称为储备货币,为货币发行和存款类公司在中央银行的存款之和。虽然中国的货币发行大于通货,超出的部分被置于银行等机构内部而没有形成通货,但二者之间的差别并不大,完全可以忽略。

基础货币并不是货币供给。货币供给应当是通货与存款之和,只不过 M1 和 M2 衡量了不同类型的存款而已。中央通过调节基础货币来改变货币供给,这种调控能力可以由货币乘数来衡量。定义货币乘数为:

$$货币乘数 = 货币供给/基础货币$$

即中央银行平均每增加 1 元基础货币,能够创造多少元货币供给。

定义通货与存款的比值为通货存款比。根据相关定义,可知:

$$货币乘数 = (通货 + 存款)/(通货 + 准备金)$$
$$= (通货存款比 + 1)/(通货存款比 + 准备金率)$$

上式中,第二个等号左边分子和分母同时除以存款,即可以得到等号右边。可以看到,货币乘数与通货存款比和准备金率相关。通货存款比越高,货币乘数越小;准备金率越高,货币乘数也越小。货币乘数大于1,意味着中央银行为了增加货币供给,并不需要增加等量的基础货币,增加基础货币的量要小于货币供给增量。比如,如果货币乘数为5,那么中央银行只需增加1 000亿元的基础货币,就可以提高货币供给5 000亿元。因此,基础货币有时也被称为高能货币。

为了展示清楚中央银行通过货币乘数创造货币供给的机制,以下通过一个简单情形进行说明。假定公众不持有现金(也就是通货),而是全部以存款形式持有货币。银行吸纳存款后,把20%的比例作为准备金,剩余的80%转化为贷款。考虑中央银行增加1 000亿元基础货币。经过市场交易,持有者以存款形式将其存放在第一家银行。当然,这1 000亿元更可能被存放于几家银行,但这并不会影响分析。第一家银行将这1 000亿元的20%也就是200亿元作为准备金存入中央银行的准备金账户,余下的80%也就是800亿元贷款给企业或个人。此时,第一家银行的资产负债表如表9-1所示。负债端存款增加1 000亿元,资产端准备金和贷款分别增加200亿元和800亿元。

表9-1 第一家银行的资产负债表

资产		负债	
准备金	200亿元	存款	1 000亿元
贷款	800亿元		

第一家银行贷款出去的800亿元可能被企业用于投资,也可能被个人用于消费或买房,还可能有其他用途。但经过市场交易,最终会被一些企业或个人持有。这些公众并不持有现金,仍会以存款形式将800亿元存入第二家银行。第二家银行将其中的20%也就是160亿元作为准备金存放在中央银行的准备金账户,剩余的80%也就是640亿元被贷出银行。经过一系列市场交易,一些企业或个人持有这640亿元,再次以存款形式将其存入第三家银行。第三家银行将640亿元存款的20%也就是128亿元作为准备金,剩余的80%也就是512亿元被贷出银行。因此,第二家和第三家银行的资产负债表变化如表9-2和表9-3所示。以此类推,512亿元的贷款又会形成存款,其中的80%又会被贷出银行,贷款再次形成存款,存款又会催生贷款,

不断循环。

表 9-2　第二家银行的资产负债表

资产		负债	
准备金	160 亿元	存款	800 亿元
贷款	640 亿元		

表 9-3　第三家银行的资产负债表

资产		负债	
准备金	128 亿元	存款	640 亿元
贷款	512 亿元		

在这个简单情形中,基础货币增加了 1 000 亿元。由于不存在通货,基础货币等于准备金。因此,把所有银行的准备金加在一起也刚好等于 1 000 亿元,即

$$200 + 200 \times (1-20\%) + 200 \times (1-20\%)^2 + 200 \times (1-20\%)^3 + \cdots = 1\,000$$

由于不存在通货,货币供给等于存款。因此,把所有银行的存款加在一起就可以得到货币供给是 5 000 亿元,即

$$1\,000 + 1\,000 \times (1-20\%) + 1\,000 \times (1-20\%)^2 + 1\,000 \times (1-20\%)^3 + \cdots = 5\,000$$

在这个例子中,货币乘数即为 5 000/1 000 = 5。由于准备金率为 20%,通货存款比为 0,因此也可以直接代入货币乘数的计算公式,得到货币乘数为 1/20% = 5。

这个例子体现了中央银行创造货币供给的机制,基于准备金制度的银行系统在其中起着重要作用。中央银行增加了基础货币,将形成存款,存款被商业银行转化为贷款,贷款又会催生存款和贷款,在这个过程中,银行系统的资产负债表规模扩大,负债端被计入货币供给的存款提高。因此,贷款催生存款、存款催生贷款是理解货币乘数的关键。考虑之前关于货币乘数的结

论。如果准备金率提高,那么更大比例的存款被商业银行作为准备金放入中央银行,而没有形成市场中的贷款,因而存款催生贷款的机制就会被削弱,货币乘数就会减小。如果通货存款比提高,那么公众就会持有更大比例的通货,在商业银行中的存款就会相应减少,更少的存款将带来更少的贷款和存款,因而货币乘数也会减小。

值得一提的是,中国的政府存款直接存放在中央银行账户中,并不计入货币供给口径。在集中缴税时期,企业和个人的部分存款转化为政府存款,这会减少货币供给。反之,如果政府加快支出,部分政府存款进入市场交易,将增加货币供给。

图 9-1 给出了中国 2000 年以来 M0、M1 和 M2 的增速变化情况。可以看到,M0 增速具有较为明显的季节性,M2 增速的波动幅度小于 M0 和 M1。从最近几年看,M1 增速从 2015 年年中开始快速提高,到年底超过 M2,在 2016 年年中达到顶峰,之后开始逐渐放缓,但直到 2018 年年初才再次低于 M2。M2 增速从低于 M1 转为高于 M1,或者反过来变动,这一现象也被称为 M1 和 M2 的剪刀差。

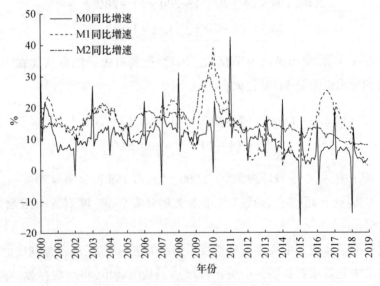

图 9-1 中国货币供给增速变化情况

数据来源:中国人民银行。

M0 增速主要受人们持有现金的意愿的影响。比如,春节期间,人们往往会大量持有现金,消费也比较活跃,M0 增速就会上升。因此,M0 增速会表现出一定的季节性。M1 增速和单位活期存款有关。如果房地产市场交易活跃,个人存款和银行按揭抵押贷款通过交易转化为房地产开发企业的活期存款,就会提高 M1 增速。如果企业开始谨慎投资,往往会保有活期存款等待市场机会,并不会立刻把活期存款转化为投资,也会提高 M1 增速。中国 2015 年年中到 2016 年年中 M1 的增速快速攀升就与这两个原因相关。

M2 增速与房地产市场的政策相关。中国在 20 世纪 90 年代末开启了房地产市场改革。在计划分房制度下,房地产市场无须涉及商业银行的存贷款。但是在房地产市场化以后,房地产交易往往需要抵押贷款,而贷款通过交易就会转化为一定的存款,从而提高了 M2 增速。因此,伴随着房地产市场化程度的提高,这一货币化进程逐渐推进,M2 增速将上升。图 9-1 中 M2 增速从 2000 年起的十年左右在波动中呈现上升趋势,与同期房地产市场改革是相关的。而随着房地产市场货币化进程的放缓,M2 增速也会有所下降。

M2 增速还和金融市场的活跃程度相关。金融市场中金融机构同业交易会创造新的贷款和存款,因此,伴随着金融部门杠杆率的提高,M2 增速往往也会上行。反之,如果对金融部门加强监管,导致金融机构杠杆率逐渐下降,M2 增速也会有所下降,图 9-1 中近几年 M2 整体呈现下行趋势就与此相关。

图 9-2 给出了中国货币供给构成和货币乘数的变动情况。可以看到,M0 占 M2 的比重从 2000 年左右的 10% 持续下降,当前已经不到 5%。M1 占 M2 的比重尽管在最近十年有所波动,但基本稳定在 30% 左右。因此,中国货币供给中,通货所占比重只有不到 5%,超过 95% 的货币供给是存款形式的货币,而其中单位活期存款所占比重接近 30%。使用 M2 来衡量货币供给所计算出的中国货币乘数并非稳定的,波动较大。货币乘数在 2000—2006 年持续上升,2007 年以后出现较大幅度波动,但从 2012 年起呈现持续上升趋势,而近期又有所波动。当前货币乘数已经超过 6,对比 M1 占 M2 30% 左右的比重,易知基础货币存量是低于 M1 的。较大的货币乘数也意味着中央银行创造货币供给的能力在增强。比如,为增加 5 000 亿元货币供给,央行所需要增加的基础货币将少于 1 000 亿元。

图 9-3 给出了中国货币发行占基础货币的比重。可以看到,在 2000 年左右,中国基础货币中的 40% 左右为货币发行,也就近似为通货。但从 2007 年

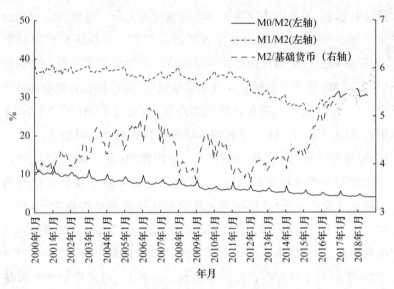

图 9-2 中国货币供给构成与货币乘数

数据来源：中国人民银行。

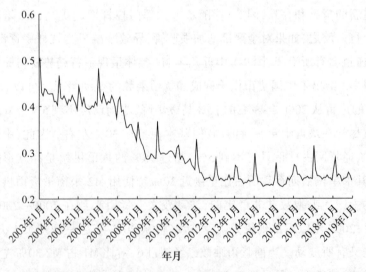

图 9-3 中国货币发行占基础货币的比重

数据来源：中国人民银行。

开始，货币发行所占比重持续下降。尽管在春节期间有所提高，但基本在 25% 左右小幅波动。因此，公众经常提到的央行印钞票增加货币供给只是一个形象的说法，中国央行能够直接影响的基础货币中，只有 25% 左右是所谓的钞票,剩余的75%左右都是准备金。如果与M2对比,那么央行所印的钞票只占不到5%的比重。

虽然货币供给主要是用存款衡量,但中央银行创造货币供给的机制主要是存款催生贷款,贷款又催生存款。因此,货币供给本身也能反映出货币市场贷款也就是信贷和流动性规模的增速。除货币供给以外,人民币贷款数据也可以直接衡量信贷规模。人民币贷款是月度数据,衡量了金融机构向企业和居民发放的人民币贷款,其中新增贷款为新发放贷款减去偿还贷款的净增额。由于中国金融体系以贷款形式的间接融资为主,因而人民币贷款是非金融部门融资的主要途径,人民币新增贷款数据对于把握金融市场的流动性非常重要。

人民币新增贷款有着丰富的分项数据,大致可以分为住户贷款和企业贷款,每一类贷款又可以被分为短期贷款和中长期贷款,这有助于分析信贷需求的结构性变化。比如,如果企业中长期贷款快速增长,可能反映出企业对未来预期乐观,倾向于进行长期投资;如果住户中长期贷款快速增长,可能是由于房地产交易活跃造成按揭贷款快速上升。再比如,住户短期贷款中包含了消费贷款,与居民的消费需求也密切相关。

在较长的时间里,中国货币市场信贷规模的重要指标是M2和人民币新增贷款,但这两个指标只和存贷款信贷相关。随着金融市场的快速发展,对实体经济产生影响的不仅包括传统意义上的存贷款信贷,还包括信托、债券、股票等其他金融资产,那么仅关注这两个指标就是不够的了。比如,2015年中国开始地方债置换,地方政府发行债券来融资,将资金用于偿还地方融资平台公司所欠的人民币贷款,因而人民币新增贷款下降,但仅由贷款融资置换为债券融资,实体经济获得的信贷量并不会变化。相对于人民币贷款和M2,社会融资规模涵盖了更多的融资方式,更能全面反映出金融市场的融资状况和流动性水平。

社会融资规模是一定时期内实体经济,也就是企业和个人从金融体系获得的全部资金额,这一数据也是月度数据。具体来说,社会融资规模不仅包括人民币贷款和外币贷款,还包括委托贷款、信托贷款、未贴现银行承兑汇票、企业债券、非金融企业境内股票融资等,2018年又先后纳入了存款类金融机构资产支持证券和贷款核销、地方政府专项债券。2019年又将国债和地方政府一般债券纳入统计,与地方政府专项债券合并为政府债券。社会融资规模本身是一个存量概念,但使用中更关注每个月新增的社会融资规模的变化,因此,新增量就是一个流量概念了。在 2010 年中央经济工作会议和 2011 年《政府工作报告》中,均提出要保持合理的社会融资规模,社会融资规模逐渐成为宏观监测的重要指标之一。

观察社会融资规模分项指标的变化,可以在把握整体流动性的基础上更加深入地了解信贷结构的变化。比如,宏观分析中通常将委托贷款、信托贷款和未贴现银行承兑汇票归类为表外融资。如果对金融市场加强监管,金融部门内部去杠杆,那么表外融资渠道可能就会受阻,从而拉低社会融资规模。图 9-4 给出了社会融资规模及其分项的变化情况。由于统计口径经过调整,在进行同比比较时,图中还汇报了可比口径的分项数据变化。可以看到,2018 年新增社会融资规模显著下降,这主要是由表外融资逐渐下降到负值导致的,同期新增人民币贷款趋势并未改变。

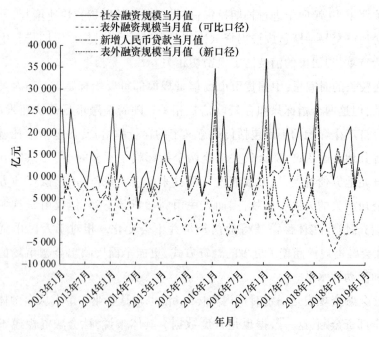

图 9-4 社会融资规模及其分项变化
数据来源:中国人民银行。

三、利率

利率是货币市场或信贷市场借方支付给贷方的利息与本金之比。利率可以看成是货币市场或信贷市场的基本价格,由货币或信贷的供给和需求决定。货币或信贷需求与利率负相关。因为利率越高,借方使用货币的成本就会越高,一部分信贷需求就会被抑制。货币或信贷供给与利率正相关。因为利率越高,贷方借出货币的收益就会越高,一部分信贷就会被供给出来。

市场竞争力量使得利率自由调整,使得信贷需求总是等于信贷供给,即市场达到均衡,或者也可以说市场出清。具体地,如果信贷供给大于信贷需求,那么贷方就会相互竞争,为了借出货币,主动降低利率,利率降低导致信贷供给下降,信贷需求上升,最终二者相等。反之,如果信贷供给小于信贷需求,那么借方就会相互竞争,为了获得货币,主动提高利率,利率提高导致信贷供给上升,信贷需求下降,最终二者相等。

图 9-5 给出了货币市场或信贷市场供求与利率的关系。可以看到,信贷供给与利率正相关,信贷需求与利率负相关。在信贷供给和信贷需求两条曲线的交点处,信贷需求和信贷供给相等,市场达到均衡,此时的利率即为市场均衡利率。

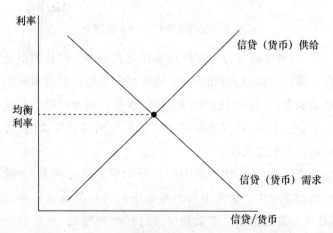

图 9-5 货币市场或信贷市场均衡利率的决定

利率的均衡分析框架有助于分析不同因素对利率的影响。比如,如果中央银行增加了货币供给,信贷市场上的供给量增加,贷方相互竞争就会拉低利率。如图9-6所示,此时信贷供给曲线右移,新的均衡利率低于之前的均衡利率。反之,如果货币供给下降,利率就会上升。再比如,对投资收益的乐观预期可能会刺激投资者扩大信贷,这可能是因为企业预期投资扩大生产后可以获得较高的收益,也可能是因为一些金融机构增加购买预期价格会上涨的资产,这些都会导致信贷需求增加,借方相互竞争就会抬高利率。如图9-6所示,此时信贷需求曲线右移,新的均衡利率高于之前的均衡利率。反之,如果投资信心不足,信贷需求减少,利率就会随之下降。

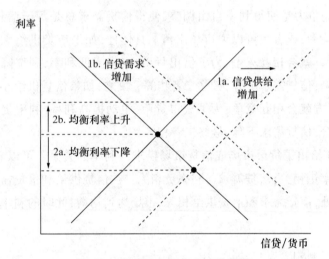

图9-6 货币市场均衡利率的变化

现实经济中,利率通常分为存款利率和贷款利率。存款利率是企业或个人把货币存在银行中获得利息的利率,贷款利率是银行把货币贷给企业或个人收取利息的利率,两种利率之差即为银行收益。因为影响企业或个人信贷需求的主要是贷款利率,且存款利率和贷款利率通常是联动的,所以贷款利率相对于存款利率更受关注。

按资金借贷性质划分,中国的利率可分为中央银行利率、金融市场利率与存贷款市场利率三类。中央银行利率指中央银行与金融机构之间借贷的利率,包括法定与超额准备金存款利率、再贷款(再贴现)利率和公开市场操作利率,由中央银行制定。金融市场利率主要是机构之间资金借贷的利率,目前已经完全实现市场化,包括货币市场的拆借、回购交易利率,基于报价产生的上海银行间同业拆借利率(Shanghai Interbank Offered Rate, SHIBOR)等，资本市场的国债、金融债以及企业债等的收益率。存贷款市场利率是金融机构对企业、个人或政府的存贷款利率。中央银行通过货币政策工具改变中央银行利率，进而传导到金融市场利率，最终影响存贷款市场利率。

长期以来，中国人民银行还会通过直接规定存贷款基准利率来影响存贷款市场利率。具体地，金融机构以贷款基准利率的固定比例为贷款利率下限，以存款基准利率的固定比例为存款利率上限，自主确定存贷款利率。伴随着利率市场化进程的不断推进，中国人民银行于2013年7月取消了贷款利率下限，2015年10月全面放开了利率管制。虽然贷款基准利率对贷款利率的影响已经大幅减弱，但是仍与住房抵押贷款利率和大型国有企业贷款利率挂钩，而且商业银行对其他企业或个人的贷款利率也以基准利率作为主要参考。2019年，央行改革完善贷款市场报价利率(Loan Prime Rate, LPR)的形成机制，各商业银行将LPR作为基准，对各类贷款利率进行定价。于是，贷款市场将由原来的贷款基准利率和金融市场利率共同影响贷款利率的传导机制，转变为金融市场利率通过影响LPR决定贷款利率的传导机制。在此之后，央行通过货币政策改变金融市场利率，也就影响了贷款利率，因此贷款基准利率将被取消。但是，由于存款仍然是当前商业银行负债的主体，而存款基准利率又是商业银行存款利率的定价标准，因此存款基准利率在中国利率体系中仍会长期保留。

被广泛关注的金融市场利率主要是7天上海银行间同业拆借利率(SHIBOR)和7天银行间质押式回购加权平均利率(DR007)。SHIBOR是由信用等级较高的银行组成报价团自主报出的人民币同业拆出利率计算确定的算术平均利率。SHIBOR是货币市场的基准利率，绝大多数的同业拆借、回购交易都以SHIBOR为基准成交，因此SHIBOR也与拆借、质押式回购(简称回购)利率高度相关。

尽管金融市场利率能够反映出金融市场的流动性，但是由于中国利率市场化改革仍在推进中，金融市场利率与金融机构对企业、个人和政府的存贷款利率并不是联动的。这也体现了中国货币政策传导渠道并没有完全畅通，存在结构性问题。比如，可能货币政策已经使得金融市场利率降到了较低水平，但是民营企业或中小微企业仍然可能会面临较高的贷款利率。再比如，可能金融市场的流动性已经非常充足,但贷款市场利率并未随之降低。

与存贷款市场密切相关的一个变量是债务。市场主体间发生借贷交易后,产生了借方负担的对贷方的债务。债务只是伴随着借贷交易形成,本身不会创造GDP;但借方通过借贷获得资金,往往用于生产、投资或者消费,这些行为都会增加GDP,因此债务提高后,可以短期内有利于经济需求或产出增加。但是,如果债务过快增长、杠杆率较高且债务关系较为复杂,一些市场主体违约就可能会造成系统性违约风险。

不同于企业财务上的杠杆率,宏观经济债务杠杆率通常被定义为债务与GDP之比,这些债务包括家庭部门、政府部门、金融部门和非金融企业部门的债务。宏观经济债务杠杆率应当控制在一定的合理范围内。图9-7对比了中国和其他国家的宏观杠杆率,这一数据剔除了金融部门的债务,只包括家庭、政府和非金融企业部门的债务。可以看到,中国宏观杠杆率在2008年之前较为稳定,略高于巴西和印度,但从2008年四季度开始迅速上升,最近两年趋于稳定且略有下降,但仍在250%左右,与美国接近,高于韩国和德国。

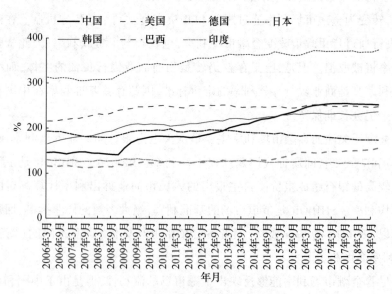

图9-7 中国宏观杠杆率对比其他国家
数据来源:国际清算银行。

如果分部门来看,中国的企业杠杆率和家庭杠杆率从2008年起快速上升。当前企业杠杆率达到150%左右,已经远超日本和韩国,处于国际最高位。企业杠杆率的快速上升主要是国有企业杠杆率上升推动的,民营企业杠杆率上升较为温和。家庭杠杆率达到50%左右,接近日本和德国,尽管仍然低于美国和韩国,但是由于中国的家庭收入低于这些国家,家庭债务与可支配收入之比也已经处于国际最高位。中国的政府杠杆率相对缓慢提高,当前在50%左右,低于美国、日本、德国、巴西和印度等主要国家,但是这一数据没有纳入地方政府隐性债务,低估了政府负债。

为应对快速上升的宏观杠杆率,2015年中国推出了"三去一降一补"的供给侧结构性改革,其中去杠杆的目标就是降低宏观杠杆率,防止债务过快增长,造成系统性风险。在政策的作用下,中国的宏观杠杆率在2017年保持稳定,2018年略有下降。

本章小结

1. 货币具有价值储藏、度量单位和交易媒介等三个基本职能。
2. 货币分为商品货币和法定货币两类。
3. 货币供给衡量了经济中货币的总量,通常由M0、M1和M2衡量。
4. 中央银行与商业银行构成的现代银行体系是创造货币供给的基本制度。
5. 中国货币市场和信贷市场的指标包括M2、社会融资规模、人民币贷款等数据,这些数据又有着丰富的分项数据。
6. 利率由货币市场或信贷市场的供给和需求决定。
7. 中国的利率可分为中央银行利率、金融市场利率与存贷款利率三类。
8. 宏观经济债务杠杆率是债务与GDP之比,中国在2008年以后宏观杠杆率快速上升,当前有所稳定。

关键术语

法定货币　货币供给　M2　准备金　货币乘数　基础货币　人民币贷款　社会融资规模　中央银行利率　金融市场利率　存贷款利率　宏观杠杆率

思考题

1. 把本章所有的数据图更新到最新年度、季度或者月度。

2. 总结今年以来中国货币数据和信贷数据的变化趋势,从分项数据分析是哪些因素导致了这些数据的变化。

3. 总结今年以来中国各类利率的变化趋势,分析是哪些因素导致了利率的变化。

第10章 货币政策

【学习目标】

掌握中国和美国货币政策的具体工具及其直接影响,了解现实中的中央银行的机构运行。

【知识要求】

1. 牢固掌握美国货币政策工具
2. 牢固掌握中国货币政策工具
3. 一般掌握中央银行的机构运行

【内容安排】

一、中央银行
二、美国货币政策
三、中国货币政策

一、中央银行

一个国家的货币供给由中央银行通过货币政策来调节。中国的中央银行是中国人民银行。1983年9月,国务院决定中国人民银行专门行使央行职能;1995年3月,《中华人民共和国中国人民银行法》通过,中国人民银行以法律形式被确定为央行。

欧元区、英国和日本的中央银行分别是欧洲中央银行、英格兰银行和日本银行。美国的中央银行是美国联邦储备银行,通常简称为美联储。美国国会在1913年通过《联邦储备法案》,1914年建立美联储。美国被划分为12个区域,每区设立一家联邦储备银行,美联储就由这12家联邦储备银行组成,包括纽约、圣路易斯、旧金山联邦储备银行等。美联储设立理事会,理事会由7人组成,均由总统提名并经参议院批准,任期为14年。美联储主席为理事会成员,任期为4年,可以连任,且没有次数限制。

美联储联邦公开市场委员会(Federal Open Market Committee,FOMC)每隔6周开一次会议,讨论并制定货币政策。公开市场委员会由12人组成,包括7名理事和5位联邦储备银行行长。其中,7名理事和纽约储备银行行长为常任委员,其他的11位联邦储备银行行长轮流担任余下的4个公开市场委员会委员。12名委员拥有投票权,通过投票来决定美联储的主要货币政策。

在联邦公开市场委员会的会议后,除了对外公布美联储货币政策是否即刻调整,还会公布美联储点阵图。点阵图给出了7名理事和12位联邦储备银行行长所认为的在未来3年和更长时间的政策利率目标。点阵图反映了拥有或可能拥有投票权的公开市场委员会委员对未来政策利率的态度,因此影响了市场对美联储货币政策的预期。

美联储制定货币政策具有很强的独立性。主要体现在美联储联邦公开市场委员会的会议就可以决定货币政策,无须经过国会或总统批准;美联储主席和理事任期可以经历多个总统任期,一定程度上避免了政治党派的干预。但是也应当看到,美联储也并非完全独立的。因为美联储主席和理事均由总统提名,一些总统也会公开评论美联储的货币政策,而且美联储主席需定期向美国国会解释货币政策的依据。

二、美国货币政策

美国最主要的货币政策是公开市场操作,即通过买卖短期国债等证券影响货币供给和联邦基金利率。联邦基金利率是美国金融机构间的隔夜拆借利率。这一利率是金融机构获得短期资金的成本,也是贷出短期资金的收益,影响了其他金融市场的借贷利率。如果联邦基金利率降低,那么其他金融市场的借贷利率也会随之降低,反之亦然。因此,联邦基金利率是美国金融体系的基准利率。

当美联储在公开市场向金融机构买入债券时,金融机构获得了相应的资金,通常的形式是美联储直接增加金融机构在美联储超额准备金账户的存款。换句话说,金融机构的超额准备金增加了。通过这一操作,美联储增加了基础货币。并且,由于金融机构可以使用这部分超额准备金,即货币市场的货币供给增加了,根据前文的理论分析,贷方相互竞争,货币市场的利率就会下降。这通常体现为金融机构对隔夜拆借市场获得资金的依赖程度下降,于是联邦基金利率就会随之下降。反之,如果美联储在公开市场向金融机构卖出债券,金融机构的超额准备金就会下降,金融机构将更多依赖于隔夜拆借市场获得资金,因此货币供给将会下降,联邦基金利率将会提高。

美联储在公开市场上买卖债券还可以通过影响债券价格来影响联邦基金利率。为了理解这一机制,需要知道两个基本原理。第一个原理是债券等固定收益资产的价格与其收益率是反向变化的。以一年期债券为例,一年到期后连本带利的回报是固定的,其与价格之比减去 1 即为该债券的收益率。该债券在债券市场上交易,其价格不断波动,直接取决于该债券的供给和需求。当美联储在公开市场上买入债券时,债券的需求将增加,价格就会上升,由于其收益固定,其收益率就会下降。反之,当美联储卖出债券时,债券的供给将增加,价格就会下降,其收益率就会上升。

第二个原理是其他条件不变的情况下资本市场各类资产的收益率是联动的。这是因为,如果债券收益率下降,其他资产收益率不变,那么就会导致资金从债券市场流向其他资产市场,其他资产价格就会上升,其收益率就会下降;反之,如果债券收益率上升,资金就会从其他资产市场流向债券市场,其他资产价格就会下降,其收益率就会上升。

综合这两个原理,如果美联储买入债券,债券价格将上升,其收益率将下降,资金就会从债券市场流向隔夜拆借市场等其他资产市场,隔夜拆借市场利率也就是联邦基金利率就会随之下降;反之,如果美联储卖出债券,债券价格将下降,其收益率将上升,促使资金流向债券市场,导致隔夜拆借市场信贷供给减少,联邦基金利率就会随之上升。

简言之,无论是通过影响超额准备金还是通过影响债券价格,美联储在公开市场买入债券,基础货币和货币供给将会增加,市场利率也就是联邦基金利率将会下降;反之亦然。通常所谓的美联储加息或降息,实际上就是美联储对外公布联邦基金利率目标后,通过公开市场操作买卖债券,提高或降低联邦基金利率以达到目标。图 10-1 给出了 21 世纪以来美国联邦基金利率目标。可以看到,2007 年 9 月美联储开始启动降息,到 2008 年 12 月已经由前期的 5.25% 高点降至 0.25%,接近零利率水平。之后美联储保持了近 7 年的零利率水平。在 2015 年 12 月,美联储启动了新的加息周期,但加息速度相较之前的加息或降息都更加缓慢。2019 年 8 月,美联储再次开启降息周期,并在 2020 年再次降至 0.25%。

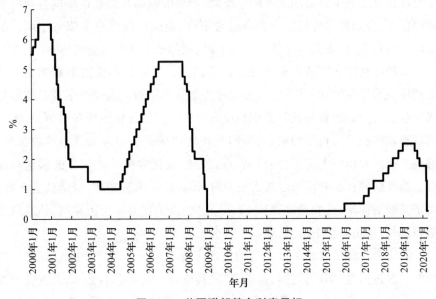

图 10-1　美国联邦基金利率目标

数据来源:美联储。

美联储还会通过地方联邦储备银行等贴现窗口向商业银行或其他存款性金融机构借款。其中,隔夜借贷是主要的形式。借款利率通常被称为贴现率,由美联储直接设定,银行根据贴现率再决定借款数量。如果美联储降低贴现率,那么银行借款就会增多,于是基础货币和货币供给就会增加;反之亦然。

美联储也可以直接改变法定准备金率。美联储根据金融机构的净交易量分级设定法定准备金率,净交易量越大,法定准备金率也越高。法定准备金率的标准通常每年调整一次。如果美联储降低了法定准备金率,往往总的准备金率也会降低,根据前文的分析,这会提高货币乘数、增加货币供给;反之亦然。由于总准备金还包括超额准备金,在法定准备金率变化后,总准备金率随之变化多大程度还取决于超额准备金率是否会变化。举一个极端的例子,如果银行具有一定的合意准备金率水平,即使美联储降低了法定准备金,总准备金率也可能不会变化。这可能是因为银行不愿意将多余的可用准备金贷出去,而更愿意作为超额准备金存放在美联储。结果可能是法定准备金率降低了1个百分点,超额准备金率相应提高了1个百分点,而总准备金率不变,因此货币供给就不会变化。

2008年美国金融危机爆发,美联储为了稳定增长和就业,快速降低了联邦基金利率,到当年年底已经达到零利率的下限水平。此时短期利率已经无法继续降低。为了进一步降低长期利率和提振经济,美联储推出了量化宽松(Quantitative Easing, QE)政策。这一政策也属于公开市场操作,是美联储在公开市场购买长期的国债、住房抵押贷款支持证券(Mortgage-Backed Security, MBS)和长期机构债券等。美联储的购买提高了这些长期证券的价格,降低了这些长期证券的收益率,从而进一步降低了长期利率。

美联储的量化宽松政策导致了基础货币的快速增加。如图10-2所示,2007—2014年美国基础货币增长了4倍。但是,值得注意的是,美国的货币供给M1和M2分别仅增长100%和55%。因此,美联储的量化宽松政策并没有导致美国的货币供给大幅增加,这说明同期货币乘数下降了。2008年之前,美国的货币乘数维持在8以上,但量化宽松后已经降至4以下。

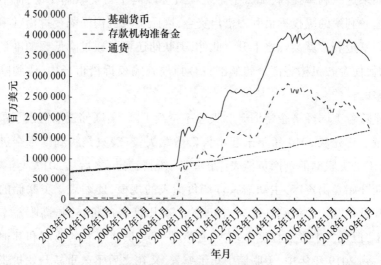

图10-2 美国基础货币构成

数据来源:美联储。

美国货币政策乘数之所以下降,是由于一方面,金融危机后《巴塞尔协议Ⅲ》对银行流动性覆盖比率提出了更高要求,美国银行业将超额准备金作为高质量流动性资产以满足监管要求。另一方面,美联储在2008年10月开始为准备金支付利息,使得在高风险和零利率市场中对贷款已变得更加谨慎的银行倾向于增加超额准备金。准备金率的提高降低了货币乘数,因此货币供给也就不会随着基础货币的快速增加而显著上升。但是,量化宽松政策使得在美联储资产负债表负债端的准备金和资产端的长期证券显著增加,导致美联储的资产负债表规模快速扩张。事实上,量化宽松政策并没有使得美联储增加通货,也就是所谓的印钞票,而只是增加了金融机构准备金账户上的数字而已,而这部分超额准备金并没有转化为货币供给。

美联储的量化宽松政策导致金融机构的超额准备金快速增加,而之前的公开市场操作就是通过买卖国债影响金融机构的超额准备金,进而影响联邦基金利率的。这就使得之前的公开市场操作难以通过改变货币供给影响联邦基金利率了。为此,当前美联储主要使用隔夜回购协议便利工具影响联邦基金利率,即美联储将证券卖给具有一定资质的金融机构,约定一天后买回。美联储通过制定该证券的买入价格和卖出价格,就决定了为此交易支付的利率。如果这一利率提高,那么金融机构就会倾向于与美联储交易,而不会以低于这一利率的隔夜拆借利率借出资金,因此金融机构间隔夜拆借利率也就是联邦基金利率就会随之上升。此外,美联储还可以通过降低超额准备金利率,以促使金融机构将部分超额准备金释放到隔夜拆借市场中,达到降低基准利率的目的。

伴随着美国经济企稳回升和失业率持续下降,美联储逐步退出了量化宽松政策。首先从2014年年末起不再新增购买资产,只是将到期本金进行再投资,于是美联储的资产负债表停止扩张,维持稳定;之后从2017年年末起,美联储开始卖出资产,主动缩减资产负债表的规模,即缩表。美联储的缩表过程和量化宽松政策刚好反向,在理论上会压低资产价格,抬高收益率和长期利率,但现实中影响程度有多大,还取决于美联储缩表的速度和其他对冲因素。到2019年年中,美联储中止了缩表,又在之后不久重新开始扩张资产负债表,但购买的资产类型和规模已不同于之前的量化宽松。

与美国类似,欧洲中央银行从2015年年初也开始实施量化宽松政策。

日本银行在2001年实行过量化宽松政策,但之后就退出了,从2013年年初起又重新实施量化宽松政策。由于美联储的资产负债表在2014年年底起停止了扩张,欧洲央行和日本银行的资产负债表规模于2017年相继超过美联储。

欧洲央行和日本银行的另一个值得注意的非常规货币政策是负利率政策。欧洲央行在2014年年中将其与金融机构的隔夜拆借利率降至−0.1%,日本银行在2016年年初将部分超额准备金利率降至−0.1%,此外,丹麦和瑞士也先后在2012年和2014年实行负利率政策。理论上名义利率不能为负利率,因为负利率意味着贷方不但收取不到利息,反而还要支付利息给借方,那么贷方就不会借出资金。欧洲和日本的负利率并非家庭或企业的存贷款利率为负,而是央行与金融机构的隔夜拆借利率或超额准备金利率为负。这一利率为负,意味着金融机构可以以更低的成本获得资金,或使得金融机构存放超额准备金的收益更低,目的都是激励金融机构将更多的资金贷给企业或个人,以刺激投资或消费。负利率的正向影响效果整体上在欧元区和日本都并不明显,但同时却可能会扭曲资产价格,降低配置效率。事实上,如果零利率都无法有效刺激投资或消费,那么就说明经济的主要问题并不在货币政策上,而在其他方面,此时即使再降至负利率,其边际影响也会非常有限。

三、中国货币政策

与欧美国家相比,中国货币政策有所不同。长期以来,中国货币政策大致可以分为价格型和数量型两类调控工具。根据前文的理论分析,央行在影响货币供给的同时也会影响到利率,因此价格和数量应当是等价的。但是由于一直以来中国货币市场化程度并不高,央行的价格型工具和数量型工具可以相互独立,比如货币供给数量变化的同时价格也就是利率可以保持稳定。

中国央行传统的价格型工具是存贷款基准利率。金融机构以贷款基准利率的固定比例作为贷款利率下限,以存款基准利率的固定比例作为存款利率上限,央行调整存贷款基准利率,就可以直接影响市场利率,进而影响到家庭与企业的消费和投资决策。伴随着利率市场化改革的推进,目前主要的贷款利率已经市场化,市场利率和基准利率近年来呈现较大幅度的偏离。比如,2015年年底以来基准利率始终保持不变,但同期市场利率却显著波动。这意味着调整存贷款基准利率后,市场利率特别是企业贷款利率可能变化较小。目前来看,存贷款基准利率将逐渐被取代,不再是央行的货币政策工具。

中国央行传统的数量型工具是法定准备金率。法定准备金率直接影响货币数量,下调法定准备金率,将增加货币供给;上调法定准备金率,将减少货币供给。当前央行法定准备金率工具的一个特点是注重结构性调整,即只调整部分金融机构的法定准备金率。比如,央行降低与中小微企业业务更加密切的中小型商业银行的法定准备金率,就可以引导资金流向中小微企业。如图10-3所示,近年来由于央行监管政策变化、新货币政策工具引入、银行业务创新等因素,银行超额准备金率持续降低,当前已经降至2%以下。

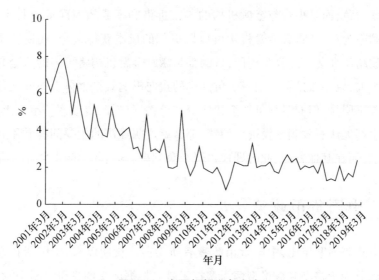

图 10-3 中国超额准备金率

数据来源:中国人民银行。

超额准备金率下降,加上多年来央行不断降低法定准备金率,使得当前中国银行准备金率与其他国家相比并不高,处于较为合理的水平。虽然部分发达国家法定准备金率低于中国,但超额存款准备金率较高。比如,美国和欧元区的超额准备金率都略高于10%,导致总的准备金率在12%左右,日本超额准备金率更是接近30%,导致总准备金率也接近30%。与之对比,2019年中国大型和中小型银行法定准备金率已经分别降至13.5%和11.5%,加上2%不到的超额准备金率,总准备金率与欧美国家相比并没有高出太多。

因此,中国法定准备金率的下调空间有限,这也使得法定准备金率工具的使用频率较之前有所下降。

中国央行增加基础货币的传统工具是外汇占款。随着2001年加入世界贸易组织(WTO),中国国际收支顺差显著扩大。企业或个人在国际贸易或投资中获得外汇,即外币或外币资产后,与商业银行结汇,即把外汇换为人民币。商业银行再把外汇转给央行,央行投放人民币给商业银行。在这一过程中,央行在资产端收入了外汇,即外汇占款,在负债端相应增加了基础货币。图10-4给出了2000年以来央行外汇占款和基础货币的总量。在2014年之前,外汇占款与基础货币基本同步变化,二者之间的差别并不大,因此可以说外汇占款是这一阶段基础货币投放的主要工具。甚至在一段时间,央行外汇占款快速增长,导致基础货币增长过快。为了回收部分基础货币以稳定货币供给,央行在这一时期向商业银行发行债务凭证,即央票。商业银行将部分持有的货币转化为央票,从而降低了市场流动性。在2014年年中后,中国外汇储备开始下降,外汇占款也相应下降,与基础货币走势分离,外汇占款这一工具也逐渐退出。

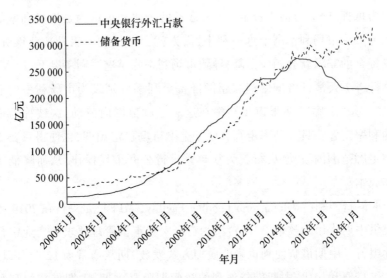

图10-4　中央银行外汇占款与基础货币
数据来源:中国人民银行。

当前中国央行较常使用的货币政策工具是公开市场操作、常备借贷便利和中期借贷便利。央行公开市场操作的主要工具是回购交易,包括正回购和逆回购两种。正回购是央行向金融机构卖出有价证券,并约定在未来特定日期买回,这一过程回收了流动性。当正回购到期时,央行买回有价证券,相应也就投放了流动性。逆回购与正回购相反,是央行向金融机构买入有价证券,并约定在未来特定日期卖出,这一过程投放了流动性。同样,当逆回购到期时,相应也就回收了流动性。回购交易期限通常分为7天、14天和28天等,其中7天逆回购交易是央行较常使用的投放流动性的短期工具。

央行的回购交易还涉及回购利率,这一利率由央行决定。比如逆回购交易过程中,央行对金融机构投放了流动性,到逆回购到期回收流动性时,需要同时收取利息。因此,金融机构通过逆回购工具,可以从央行获得短期资金,但相应需要按照央行确定的利率支付利息。

常备借贷便利(Standing Lending Facility, SLF),是央行在2013年设立的满足金融机构期限较长的大额流动性需求的工具。交易对象主要为政策性银行和全国性商业银行,期限通常为1个月以内。常备借贷便利类似于美联储的贴现窗口,由金融机构发起,以高信用评级的债券类资产及优质信贷资产等作为抵押,向央行借入资金。7天常备借贷便利被认为是市场利率的上限。因为如果市场利率高于这一利率,借方就会通过这一工具来获得资金,对市场资金的需求就会相应下降,导致市场利率降至这一利率以下。

央行将7天常备借贷便利和超额准备金利率分别设为市场利率的上下限,形成一条"走廊",使得市场利率在这一走廊范围内波动,这被称为货币政策的利率走廊工具。利率走廊有助于金融市场稳定预期,也使得只要市场利率在走廊范围内波动,央行就无须频繁进行公开市场操作,从而降低了政策操作成本。

中期借贷便利(Medium-term Lending Facility, MLF),是央行在2014年设立的提供中期货币的政策工具,对象为符合宏观审慎管理要求的商业银行和政策性银行。中期借贷便利也采取质押方式发放,期限通常为12个月以内。与常备借贷便利相比,中期借贷便利的时间期限是中期,中期借贷便利利率也就发挥了中期政策利率的作用。常备借贷便利的交易对象范围较广,而中期借贷便利的交易对象通常只限于有一定资质的金融机构。央行在2019年创立了定向中期借贷便利(Targeted Medium-term Lending Facility, TMLF)。

这一工具的期限可以更长,利率低于中期借贷便利,要求金融机构定向投放给小微企业和民营企业,是一种结构性货币政策。2019 年,央行推动各商业银行参考贷款市场报价利率(LPR)进行定价,而贷款市场报价利率又和中期借贷便利利率挂钩。于是,央行确立了通过调节中期借贷便利利率影响贷款市场报价利率,进而影响贷款市场利率的货币政策传导渠道。

此外,央行在 2014 年创立了抵押补充贷款(Pledged Supplementary Lending, PSL)。抵押补充贷款也采取质押方式,主要功能是为支持国民经济重点领域、薄弱环节和社会事业发展而对金融机构提供期限较长的大额融资。比如发放给国家开发银行,以支持棚户区改造项目。央行其他的政策工具还包括再贷款再贴现、短期流动性调节工具等。

总结来看,与欧美国家相比,中国货币政策具有两方面较为鲜明的特点。一方面,货币政策工具种类繁多,持续变化。存贷款基准利率、法定准备金率、外汇占款等传统工具使用频率已经相对较低,当前央行主要通过回购交易、常备借贷便利和中期借贷便利等工具进行流动性调节,并以此引导市场利率在利率走廊内波动。另一方面,货币政策具有一定的结构性特征。比如,央行通过定向调整法定准备金率、定向中期借贷便利和监管政策等引导资金流向实体经济部门特别是小微企业和民营企业。

除了通过货币政策稳增长、控物价和调结构,中国央行当前还通过宏观审慎政策来防范系统性金融风险。由于资产价格和金融市场的波动与物价或实体经济往往并不同步,即使物价稳定,金融市场也可能出现大幅涨跌,诱发系统性风险,因此仅靠货币政策来稳定金融系统是远远不够的。宏观审慎政策对准备金、信贷指标、同业负债等均有明确的监管要求,跨境资本流动、房地产市场信贷政策等也是其管理范畴。不同于货币政策关注经济周期,宏观审慎政策关注金融周期,直接和集中作用于金融体系本身,目标是维护金融体系稳定和防范系统性金融风险。党的十九大明确提出,要健全货币政策与宏观审慎政策双支柱调控框架。通过宏观审慎政策加强对金融系统的监管,也可能会降低 M2 和社会融资规模等指标的增速,但未必就意味着货币政策紧缩。

本章小结

1. 中国人民银行和美联储分别是中国和美国的中央银行，通过货币政策调节货币供给。
2. 美联储最主要的货币政策工具是公开市场操作，2008年美国推出了量化宽松政策，当前美联储主要通过隔夜回购协议便利工具影响联邦基金利率。
3. 中国央行传统的货币政策包括价格型工具存贷款基准利率和数量型工具法定准备金率，增加基础货币的传统工具是外汇占款。
4. 中国央行当前较常使用的货币政策工具是公开市场操作、常备借贷便利和中期借贷便利，还包括抵押补充贷款等。
5. 中国央行的货币政策工具种类繁多，并且具有一定的结构性特征。
6. 中国央行通过宏观审慎政策防范系统性金融风险。

关键术语

美联储 公开市场操作 债券收益率 量化宽松 存贷款基准利率 法定准备金率 外汇占款 回购交易 常备借贷便利 中期借贷便利 宏观审慎

思考题

1. 把本章所有的数据图更新到最新年度、季度或者月度。
2. 总结今年以来美联储采取了哪些重要的货币政策。
3. 总结今年以来中国人民银行采取了哪些重要的货币政策或宏观审慎政策。

第 11 章 价 格

【学习目标】

掌握价格的衡量指标、名义量和实际量的定义,了解中国价格数据的经济含义和分项特征。

【知识要求】

1. 牢固掌握 CPI 和 PPI 的概念
2. 牢固掌握中国 CPI 和 PPI 的数据特征
3. 一般掌握名义量和实际量的定义

【内容安排】

一、消费者价格指数
二、其他价格指标
三、名义量与实际量

一、消费者价格指数

消费者价格指数(Consumer Price Index,CPI),衡量了消费品整体价格的波动情况。通过选取能够代表居民消费结构的一篮子产品,计算购买这一篮子产品的成本,即为 CPI。

比如,一篮子产品包括苹果、汽车和其他各种消费品。2019 年和 2018 年的 CPI 可以分别计算如下:

$$CPI_{19} = 苹果价格_{19} \times 苹果数量 + 汽车价格_{19} \times 汽车数量 + \cdots$$

$$CPI_{18} = 苹果价格_{18} \times 苹果数量 + 汽车价格_{18} \times 汽车数量 + \cdots$$

其中,苹果数量和汽车数量即为一篮子产品中苹果和汽车的数量。

比较 2019 年和 2018 年的 CPI,一篮子产品数量没有变化,只有各种消费品价格发生了变化,因而计算 2019 年 CPI 相对 2018 年变化了多少,就衡量了消费品整体价格变化了多少。由于一篮子产品的数量总是可以等比例变化,因此 CPI 在绝对数量上并没有特别的意义,现实中更关注每一时期 CPI 的相对变化。

可以从两个视角认识 CPI。一方面,为了用一个指标反映所有消费品的整体价格波动,就需要给每类消费品的价格赋予一个权重,一篮子中每类消费品的数量实际上就是这个权重,因而 CPI 可以看作每个消费品价格的加权平均,权重由一篮子产品确定。另一方面,一篮子产品代表了居民的平均消费结构,可以被抽象成一个复合消费品,即平均来看每个居民都以篮子为单位购买消费品,因此 CPI 还可以看作这个复合消费品的价格。

CPI 作为一个价格指数,与 GDP 平减指数一样都可以衡量整体价格水平。整体价格变化率就是通货膨胀率,即

$$通货膨胀率 = 整体价格水平变动/整体价格水平 \times 100\%$$

如果通货膨胀率为正,即整体价格水平上升,通常称为通货膨胀;如果通货膨胀率为负,即整体价格水平下降,则称为通货紧缩。

中国统计局在计算 CPI 时所用到的一篮子产品可以分为八大类消费品,分别是食品烟酒、衣着、居住、生活用品及服务、交通和通信、教育文化和娱乐、医疗保健、其他用品和服务。每一大类消费品又分成若干小类消费品。值得注意的是,由于房产本身并不是消费品,房价波动并不计入 CPI,一篮子产品中居住类消费只包含房租和水电燃料价格,因此有时候短期内房价的快速涨跌并不会反映在 CPI 上。与此类似,股票也并不是消费品,股价波动也并不计入 CPI。

中国国家统计局每隔五年调整一次一篮子产品的构成,但并不对外公布一篮子产品中每一类消费品所占权重。考虑到为了使 CPI 能够更好地衡量居民消费成本变化,CPI 中各类消费品权重设定应当主要参考了居民消费支出结构。因而据估计,食品类消费在 CPI 中权重最大,达到 20% 左右。

在各类消费品中,食品和能源价格波动远高于其他消费品,这两类消费

品的价格在短期内可能会主导 CPI 的变化。由于政策制定者需要根据通货膨胀率来判断宏观经济整体波动,如果直接使用 CPI 来计算通货膨胀率,那么就可能产生误判,很可能宏观经济整体并没有多大变化,只是食品和能源这两类消费品供需变化造成了其价格大幅波动。因此,为了能够更好地反映整体经济的供需变化,以便于政策制定,核心 CPI 是一个更好的指标。相对于 CPI,核心 CPI 在构造时使用的一篮子产品中剔除了食品和能源,其波动率也就更低。图 11-1 对比了中国 CPI 和核心 CPI 同比增速,也反映出了这一点。

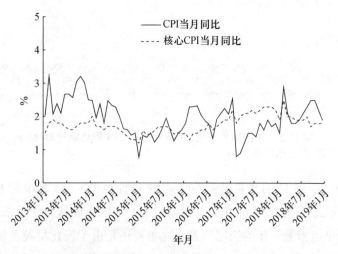

图 11-1　中国 CPI 和核心 CPI 同比增速对比
数据来源:中国国家统计局和 Wind。

虽然 CPI 能够更好地反映居民生活成本和收入购买力的变化,但在评估宏观经济整体波动时,更应当关注核心 CPI 的变化情况。这也意味着仅关注 CPI 的整体变化情况是不够的,还应分析造成 CPI 波动的分项是什么。

猪肉是中国消费者非常偏爱的食品,支出比重较高,据估计猪肉价格在 CPI 中所占权重约为 3%,因此猪肉价格波动对中国 CPI 影响很大。如图 11-2 所示,中国猪肉价格波动大于食品价格波动,二者又远大于 CPI 整体波动。在分析 CPI 波动时,猪肉价格变化情况是非常重要的,通常可以使用城市猪肉价格、生猪存栏量和能繁母猪量等指标进行监测。

在对比月度 CPI 同比变化时,翘尾因素也是应当考虑的。翘尾因素反映了上年价格上涨对本年价格同比增长的影响。比如,一瓶红酒在 2018 年 9

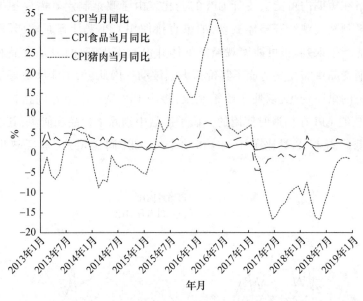

图 11-2 中国猪肉价格、食品价格和 CPI 同比增速对比
数据来源：中国国家统计局。

月售价 400 元，到 12 月售价涨到 600 元，之后价格稳定，到 2019 年 9 月售价仍为 600 元，价格同比增长 50%。但是，2019 年以来价格并未上涨，同比增长 50% 只是因为上一年的翘尾因素。这主要还是由于同比增速无法很好地反映价格的即时变化。虽然环比增速衡量了更加短期的变化，但 CPI 环比通常没有经过季节性调整。为了更好地反映价格短期变化，可以剔除掉翘尾因素，只计算本年以来的价格上涨幅度。

CPI 和 GDP 平减指数同为衡量价格水平的指数，但是有两点区别。第一点区别是产品和服务的范围。CPI 只衡量了消费品，无论产地来自哪个国家，只要是在本国消费的进口品，都可以被放入 CPI 的一篮子产品中。GDP 平减指数不仅包括消费品，还包括投资品，但是由于 GDP 只核算国内生产的产品和服务，GDP 平减指数并不包含进口品。比如，进口自法国的红酒应当计入中国的 CPI，但是不应当计入 GDP 平减指数。再比如，中国国内生产的挖掘机作为投资品计入中国的 GDP 平减指数，但不会计入中国的 CPI。

第二点区别是价格的权重是否固定。计算每一年的 CPI 时所使用的一篮子产品的数量都是相同的，因此价格的权重是固定的，这在统计上通常被归为拉氏指数;计算每一年的 GDP 平减指数时都用当年生产的产品和服务的数量作为权重与基期年对比,因此价格的权重是可变的,这在统计上通常被归为帕氏指数。由于权重固定,CPI 没有捕捉到消费者用价格相对较低的产品替代价格相对较高的产品的替代效应,因而高估了消费者购买力的下降,也就高估了通货膨胀。由于权重变化,GDP 平减指数用消费者进行替代后的产品数量作为权重,因而低估了消费者购买力的下降,也就低估了通货膨胀。

图 11-3 对比了 1978 年以来中国 CPI 和 GDP 平减指数年度同比增速。可以看到,二者的波动趋势大致相同,但由于食品价格和工业品价格波动分化,近几年二者的走势出现了较大差别。

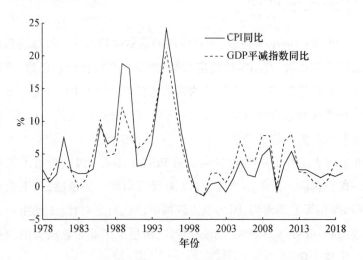

图 11-3　中国 CPI 和 GDP 平减指数年度同比增速对比
数据来源:中国国家统计局。

除了无法衡量用相对价格下降的产品替代相对价格上升的产品的替代效应,CPI 也无法反映出新产品的出现和旧产品质量的提高。事实上,这些因素都使得消费者购买力下降的幅度并没有 CPI 数据反映的那样大。从这一角度来看,CPI 高估了通货膨胀率。据估计,当前美国通货膨胀率因此被高估 0.5 个百分点。

CPI 能够直接衡量居民收入购买力的变化情况,因而这一数据被人们广泛关注。但有时 CPI 所反映的价格上涨与人们的日常生活感受存在出入。

除了数据统计上存在一定误差,还应当考虑到以下几点因素。首先,房价并不会计入 CPI,房价快速上涨后居民感受到收入购买力下降,但对 CPI 的影响只是间接的。其次,消费升级导致同类产品价格上涨,比如新一代手机的价格可能会高于前一代,但这并不是同一消费品,也没有被计入 CPI。再次,居民个人的感受不具有代表性,个人消费结构与平均消费结构可能存在差别,并且个人对食品和服务等相对价格上涨的产品反应敏感,而往往不会关注到价格稳定甚至下降的产品。最后,居民个人面临的消费品价格具有一定的地域性,但 CPI 统计的是全国整体价格水平的变化。

二、其他价格指标

除了 CPI 和 GDP 平减指数,通常使用的衡量价格水平的指标还包括工业生产者出厂价格指数、商品零售价格指数、固定资产投资价格指数、进口价格指数和出口价格指数等。这些指数的构造方法与 CPI 相同,只是一篮子产品中的产品种类和数量有所区别。比如,计算固定资产投资价格指数时,选取的是固定资产作为一篮子产品。

工业生产者出厂价格指数(Producer Price Index,PPI),衡量了工业企业产品第一次出售的出厂价格变化。PPI 对经济周期反应敏感,与工业企业利润、投资和库存等关系密切,因而也比较被关注。与之对比,工业生产者购进价格指数(Industrial Production Index,IPI),衡量了工业企业购买的原材料或中间品的价格变化。

PPI 和 CPI 存在以下两方面的区别。一方面,PPI 衡量了企业出厂时的价格,CPI 衡量了消费者购买时的价格。也就是说,计算同一产品的价格时,CPI 所使用的价格比 PPI 还增加了流通销售环节所产生的费用。另一方面,二者的产品范围不同。PPI 只包含了工业品,既包括工业消费品,也包括工业投资品;CPI 不仅包括工业品,还包括农产品和服务,但不包括投资品。比如,同为食品价格,CPI 衡量的主要是消费者在超市或菜市场所面临的食品价格,PPI 衡量的主要是食品加工业企业产品的出厂价格。

由于原材料价格和能源价格直接影响了工业企业的生产成本,因此对 PPI 的影响也较为显著,但 PPI 的价格变化并不一定同步影响到 CPI。而有时

CPI快速上涨,但PPI的波动可能很小。基于PPI和CPI的区别,有助于理解以下这些现象。比如,如果流通销售市场竞争更加激烈,上游PPI上涨后可能只是压缩了下游企业的利润,并不会明显传导到消费品价格上。再比如,如果食品价格上涨导致CPI快速上涨,但食品价格只间接影响了食品加工业企业的出厂价格,对PPI的影响就很小。

图11-4对比了中国CPI和PPI的月度同比增速。可以看到,PPI的波动幅度相对CPI更加剧烈。比如从2012年3月起,PPI连续54个月同比负增长,2017年起快速反弹,但同期CPI基本稳定。

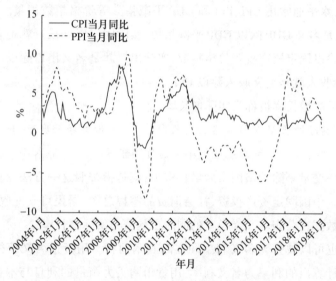

图11-4　中国CPI和PPI的月度同比增速对比
数据来源:中国国家统计局。

虽然美国也公布CPI,但更常使用的衡量通货膨胀的指标是个人消费支出(Personal Consumption Expenditure, PCE)平减指数。这一指标的计算方法与GDP平减指数相同,但产品种类与CPI类似,都衡量了消费品的价格变化。与核心CPI相同,剔除了食品和能源后计算的PCE平减指数为核心PCE平减指数。核心PCE平减指数是美联储等政策制定者关注的主要通货膨胀指标,影响了美联储关于通货膨胀走势的判断和货币政策的调整,因而被广泛关注。

三、名义量与实际量

很多经济数据指标都是用当年价格进行计算的,这被称为名义量。在进行跨期比较时,由于同期价格也会变化,名义量的变化就无法反映出实际数量的变化。为了衡量实际数量的变化,通常把名义量除以价格水平作为实际量,即

$$实际量 = 名义量/价格水平$$

其中,价格水平通常用 CPI、PPI 和 GDP 平减指数等价格指数衡量。比如,实际 GDP 就是名义 GDP 除以 GDP 平减指数,实际固定资产投资就是名义固定资产投资除以固定资产投资价格指数,实际出口就是名义出口除以出口价格指数,实际收入就是名义收入除以 CPI。

实际量的增长率被称为实际增长率,即

$$实际增长率 = (1 + 名义增长率) \div (1 + 价格增长率) - 1$$
$$\approx 名义增长率 - 通货膨胀率$$

有时称某一变量剔除价格因素后增长多少,就是指按照这一方法计算出的实际增长率。中国固定资产投资、社会消费品零售总额、居民可支配收入、进口和出口等数据在公布名义增长率的同时也均公布实际增长率。

利率也可以被分为名义利率和实际利率两种。用货币名义值衡量的利息与本金计算出的利率为名义利率,用货币购买力衡量的利息与本金计算出的利率为实际利率。实际利率剔除了整体价格波动因素的影响,能够衡量出真实的借贷成本。

比如,小明向银行贷款 100 万元,一年后还款 121 万元,其中名义利息为 21 万元,以此可以计算出名义利率为 21/100 = 21%。但是,一年后 121 万元的购买力与今天的 121 万元并不相同,21% 的利率无法衡量出小明的实际还款成本。假设今年的价格水平为 1(比如一篮子产品的价格是 1 万元),100 万元本金的购买力为 100/1 = 100,明年的价格水平为 1.1(一篮子产品价格上涨 10%,变为 1.1 万元),121 万元本息的购买力为 121/1.1 = 110。因而从购买力上看,实际利息为 110 - 100 = 10,以此计算的实际利率为 10/100 = 10%。

上述例子反映了费雪方程给出的名义利率和实际利率的关系,即

$$名义利率 = 实际利率 + 通货膨胀率$$

费雪方程的推导如下。本金在今年的购买力是本金/今年的价格水平,明年的本金和利息合计为本金×(1+名义利率),明年的价格水平为今年的价格水平×(1+通货膨胀率),于是明年的本金和利息的购买力为本金/今年的价格水平×(1+名义利率)/(1+通货膨胀率)。因此,明年的本息和今年的本金的购买力之比为(1+名义利率)/(1+通货膨胀率),减去1后就是用货币购买力衡量的利率即实际利率,也即

$$实际利率 = (1+名义利率) \div (1+通货膨胀率) - 1$$
$$\approx 名义利率 - 通货膨胀率$$

借贷双方在交易时不但会考虑名义利率,还会考虑同期的通货膨胀率,也就是说,借贷双方更关心的是实际利率,这会决定借方的实际成本和贷方的实际收益。因此,信贷市场均衡决定的是实际利率。根据费雪方程,借贷双方在实际利率的基础上加上通货膨胀率,就决定了名义利率。通货膨胀率越高,名义利率就会越高,以保证实际利率维持在均衡水平。

这时出现了一个问题。现实中借贷双方确定名义利率时,并不知晓未来的通货膨胀率,因而只能根据预期的通货膨胀率来确定名义利率,于是现实中费雪方程被修正为

$$名义利率 = 实际利率 + 预期通货膨胀率$$

修正的费雪方程意味着,如果通货膨胀率没有完全符合预期,那么借贷双方未来面临的实际利率(事后实际利率)与当前预期的实际利率(事前实际利率)就会存在出入。由费雪方程知:

$$事后实际利率 = 事前实际利率 - (通货膨胀率 - 预期通货膨胀率)$$

由上式,未预期到的通货膨胀率导致事后实际利率变动。如果通货膨胀率高于预期,事后实际利率下降,借方还款的实际成本或贷方获得的实际收益下降,因而借方受益,贷方受损。比如,贷方获得了根据名义利率确定的本息,但能够购买的产品数量减少了,而借方更易于获得名义收入来偿还借款。如果通货膨胀率低于预期,事后实际利率上升,借方还款的实际成本或贷方获得的实际收益上升,因而借方受损,贷方受益。

本章小结

1. CPI 衡量了消费品整体价格的波动情况，中国计算 CPI 所用的一篮子产品可以分为八大类消费品。

2. 虽然 CPI 能够更好地反映居民生活成本和收入购买力的变化，但在评估宏观经济形势时，更应当关注核心 CPI 的变化情况。

3. CPI 和 GDP 平减指数同为衡量价格水平的指数，但二者在产品和服务的范围以及价格权重是否固定上均有区别。

4. 中国衡量价格水平的指标还包括工业生产者出厂价格指数、商品零售价格指数、固定资产投资价格指数、进口价格指数和出口价格指数等。

5. PPI 对经济周期反应敏感，对工业企业利润、投资和库存等影响显著，与 CPI 存在一定区别。

6. 实际量是名义量与价格水平之比，实际增长率是名义增长率与通货膨胀率之差。

7. 费雪方程建立了实际利率、名义利率与通货膨胀率之间的关系。

关键术语

CPI　核心 CPI　PPI　实际利率　费雪方程

思考题

1. 把本章所有的数据图更新到最新年度、季度或者月度。

2. 总结今年以来中国 CPI 和 PPI 的变化趋势，从分项数据分析哪些因素导致了价格的变化。

第12章 通货膨胀

【学习目标】

掌握通货膨胀和通货紧缩对经济的直接影响,了解货币数量论的经济机制及其局限性。

【知识要求】

1. 牢固掌握通货膨胀的收益和通货紧缩的成本
2. 牢固掌握货币数量论的经济机制及其局限性
3. 一般掌握通货膨胀的成本

【内容安排】

一、成本与收益

二、通货紧缩

三、货币数量论

一、成本与收益

当经济总体价格在上涨时,就发生了通货膨胀。通货膨胀对经济既会产生负面影响,也会提高效率。

关于通货膨胀的传统观点认为通货膨胀是一种税收,被称为货币铸造税。这一观点关注到在一些国家一些时期,货币由政府发行。如果政府为支出筹资,发行了大量货币,那么就会造成通货膨胀,每个人持有货币的实际购买力就下降了。这等同于政府为支出筹资对每个人征收了一笔税收,结果也会导致每个人收入的购买力下降。因此,这种情况下通货膨胀实际上相当于使每个人的收入减少的税收,即货币铸造税。

一个典型的现象是恶性通货膨胀。恶性通货膨胀时通货膨胀率每月都超过50%。两次世界大战之间的德国,近期的津巴布韦、委内瑞拉等国家都先后爆发过恶性通货膨胀。恶性通货膨胀发生的直接原因是货币发行过快,但根本原因都是财政问题,政府为了弥补高额的财政赤字,要求央行发行货币借钱给政府,导致货币供给快速增加。这相当于政府对民众征收了巨额税收,以弥补政府赤字。恶性通货膨胀下,本国货币丧失了购买力,有时民众会转而持有币值稳定的美元,最终导致本国完全使用美元作为货币,这一现象被称为美元化,如拉美的巴拿马、厄瓜多尔和萨尔瓦多。

值得注意的是,货币铸造税的观点需要两个前提:一是政府决定货币供给,或者央行成为政府的印钞机,失去了独立性;二是通货膨胀是货币供给过快增长导致的。在现代经济体系中这两个前提未必成立。首先,决定货币供给的央行具有一定的独立性,一般来说政府无法令央行直接印钞给自己。即使央行购买政府债券,也是在债券二级市场上购买已经发行的债券,并不能直接购买政府新发行的债券。其次,之后将会学习到,通货膨胀是总需求和总供给共同影响的均衡结果。货币供给只是影响总需求进而影响通货膨胀的一个因素,还有很多其他因素也会导致通货膨胀。因而发生了通货膨胀,并不一定是货币供给过快增长导致的。而且即使货币过快增长导致了通货膨胀,也不一定是为了给政府筹资。

因此,货币铸造税的通货膨胀观点有一定的局限性。但这一观点至少说明在一些经济中,如果央行沦为政府的印钞机,债务缠身的政府大量发行货币,造成通货膨胀甚至恶性通货膨胀,那么通货膨胀与对所有人征税实际上是等价的。

现代经济学认为通货膨胀会对经济造成以下几点负面影响,有时也叫作通货膨胀的成本。第一个成本是鞋底成本。这一观点认为,通货膨胀导致每笔交易所使用的货币增加了,个人将更多次地去银行取款以满足日常交易。在此过程中,更多的鞋底将被磨破,造成浪费。当然,在移动支付普及的情况下这一影响可能变得很小。但是,这只是一种形象的说法,事实上,鞋底成本是指通货膨胀造成交易成本上升。

第二个成本是菜单成本。这一观点认为,通货膨胀提高了价格,饭店不得不更频繁地更新菜单,造成了浪费。当然,在电子菜单的情形下这一影响也可能变得很小。但是,这也只是一种形象的说法,事实上,菜单成本是指通货膨胀造成的价格调整成本。企业调整价格的成本可能是很大的。比如,一个汽车生产企业为明年上市的新款车型定价,定好价格后下游的经销商往往将基于此决定订购量和优惠政策等营销方案,但是如果汽车生产企业到了明年根据市场需求变化而改变定价,那么下游企业就需要相应地改变营销策略,这可能会造成较高的成本。也是由于会造成价格调整成本,企业往往不会轻易改变产品价格,使价格具有了黏性。

第三个成本是资源配置无效率。这一观点认为,通货膨胀导致不同时期价格的变动大,会使得价格作为配置资源信号的作用失效。比如,人们年初预期到价格上涨,就会提前购买商品,导致商品需求上升,企业可能会误以为商品需求真的上升,由此提高产量。但到了年末价格上涨后,人们会减少购买。因此,全年商品需求并没有上升,但企业的产量却提高了,这就造成了价格的信号作用失效。

第四个成本是改变个人税负。这一观点认为,个人所得税累进制下个人收入越高,面临的累进税率也就越高。通货膨胀提高了人们的名义收入,使得人们面临更高的累进税率,提高了个人税负,但可能个人的实际收入在收税前并没变。比如,当个税起征点是 5 000 元时,如果一个人的月工资收入为 4 000 元,未达到起征点,就无须交税。如果通货膨胀造成了所有产品价格上涨 50%,工资作为劳动力价格也上涨 50%,这个人的月工资收入就上涨到了 6 000 元,超过了起征点,这时就需要交税。但是,名义收入上涨只是由于发生了通货膨胀,6 000 元名义收入的购买力与之前 4 000 元时是一样的,个人在税前没有增加实际收入,但是却交了更多的税。

第五个成本是再分配效应。之前已经学习到,如果通货膨胀没有被预期到,事后实际利率就会下降,这会造成借方受益而贷方受损。一个类似的例子是养老金。个人在年轻时向政府缴纳养老金,到年老时从政府领取退休金。这实际上可以看作个人年轻时借钱给政府,政府将这些钱支付给当时的年老人,在个人年老时政府再还钱给个人。也就是说,个人是贷方,政府是借方。如果通货膨胀导致价格上升,退休金没有相应调整,那么个人年老时获得的退休金的实际购买力就会下降,造成个人损失。

以上五个通货膨胀成本是现代经济学关于通货膨胀负面影响的主要观点,但是这些观点并没有包括一个更频繁被提及的公众观点,即通货膨胀造成了价格上升,人们的收入缩水,降低了人们收入的实际购买力,或者说降低了实际收入。这一观点并不准确。通货膨胀是所有产品整体价格水平上涨,产品交易后转化为名义收入,因而无论是名义工资还是名义租金,在通货膨胀发生时都会随之上升,平均而言人们的实际收入并没有显著下降。比如,通货膨胀造成了猪肉价格上涨,卖猪肉的人的名义收入也会上升;租金价格上涨,房东的名义收入也会上升。

事实上,平均而言通货膨胀不会降低实际收入或者名义收入的购买力的观点与公众感受存在显著差别,原因主要在于通货膨胀的结构性特点。首先,尽管平均来看通货膨胀造成了名义收入上升,但有的人名义收入上涨得快,有的上涨得慢,有的甚至下降。比如如果工资上涨得慢,资本租金上涨得快,那么以劳动收入为主的个人名义收入上涨得就会更慢,生活成本就可能上升。其次,尽管通货膨胀是整体产品价格上涨,但有的产品价格上涨得快,有的上涨得慢,有的甚至下降。比如,如果食品价格上涨得更快,而低收入群体的食品支出比重更大,那么低收入群体的生活成本就会上升得更快。最后,尽管通货膨胀造成了资产的名义价格上升,但有的人的资产是以名义形式持有,有的人的资产是以实际形式持有。比如,如果资产持有形式是名义货币或活期存款,通货膨胀就会降低资产的实际购买力;如果资产持有形式是股权或房产,通货膨胀的影响就会很小。理论与公众观点存在差别意味着通货膨胀的再分配效应可能比理论预测的更大,通货膨胀可能会恶化收入分配,政策制定者应当关注到通货膨胀对低收入人群造成的危害。

通货膨胀除了对经济造成以上负面影响,还会提高生产要素配置效率,带来一定的收益。一方面,通货膨胀降低了实际工资,提高了劳动力市场弹性。在名义工资存在刚性,即名义工资难以下降时,如果价格水平上涨,就会降低实际工资,这有助于提高企业用工需求,促进就业。另一方面,通货膨胀降低了实际利率,提高了资本市场弹性。一般来说,名义利率存在零利率下限,此时如果价格水平上涨,就会降低实际利率,有助于刺激信贷需求。

因此,通常认为温和的通货膨胀是较为理想的经济,这时成本并不高,还能够产生一定的正面影响。事实上,全球主要经济体均把2%—3%作为通货膨胀目标。

二、通货紧缩

通货紧缩是指物价水平下降,是通货膨胀的反面。当然,由于2%—3%是央行的通货膨胀目标,因此有时也把低于这一目标但仍为正数的价格上涨称为通货紧缩。

之后会学习到,通货紧缩往往在经济衰退时出现。有观点认为,一方面,通货紧缩具有稳定效应,可以对经济衰退的影响产生缓冲。原因是在价格水平下降时,实际货币供给会增加,这会降低利率,有利于刺激企业投资。另一方面,通货紧缩也会导致家庭实际收入上升,刺激家庭支出,即所谓的庇古效应。

但是,现实经济中并没有观察到通货紧缩具有明显的稳定效应。这是因为一方面,经济衰退往往是由于企业投资需求和家庭消费需求偏向低迷导致的,此时即使利率下降或者家庭实际收入上升,只要企业或家庭的预期没有变化,企业也不会提高投资,家庭也不会提高消费。另一方面,通货紧缩反而会提高实际利率,而且也不会提高实际收入。首先,经济衰退时往往货币供给下降,货币需求上升,这会导致利率上升。并且,如果通货紧缩超出了人们的预期,在借贷双方确定了名义利率以后,事后实际利率反而会提高。其次,正如通货膨胀不会降低实际收入一样,通货紧缩造成了所有产品的名义量均下降,家庭名义收入也会下降,实际收入并不会提高。

事实上,通货紧缩加剧经济衰退的不稳定效应是更加显著的。首先,通货紧缩降低了名义收入,包括企业利润和家庭收入的名义值,这会恶化本已在经济衰退中偏向悲观的预期,不利于提振企业投资和家庭消费。其次,与通货膨胀产生再分配效应的原理一致,通货紧缩也会产生再分配效应,事后实际利率上升使得债权人受益而债务人受损。而相对于债权人,债务人的支出倾向通常更高。因为正是基于更高的消费或投资倾向,债务人才需要向债权人借贷;正是支出倾向并不高,债权人才会把资金暂时借给债务人。因此,债务人受损时将更大幅度地减少支出,但债权人受益时不会大幅增加支出,结果造成经济总支出下降,不利于经济稳定。通货紧缩的这一理论通常被称为债务-通货紧缩理论,即通货紧缩提高了实际利率和还债成本,加剧了债务人的债务负担,降低了经济总支出。

以债务-通货紧缩理论为基础后来发展出了金融加速器理论。这一理论提出,经济衰退时造成了信贷紧缩,反过来会加深经济衰退。一方面,经济衰退时贷方坏账增加,放贷会更加谨慎;另一方面,经济衰退伴随着通货紧缩,通货紧缩造成了名义收入和名义资产价格下降,借方用于借贷的抵押品价格也会下降,更加难以借款。因此,经济衰退造成了信贷紧缩,导致需求端进一步收缩,经济螺旋式下行。

日本经济在20世纪90年代后一直未能摆脱低增长的束缚,通货紧缩就是一个重要原因。1990年以后,日本通货膨胀率年均增速不足1%,其中接近一半的时间是负增长。这种通货紧缩导致企业积累了大量储蓄,倾向于持有现金而不是投资。资本积累过慢造成日本劳动生产率提高缓慢,加之老龄化程度加深导致劳动力供给收缩,共同造成了日本经济的低迷。

总之,经济整体价格下降的通货紧缩不但不会有利于经济增长,反而会产生很大危害。经济衰退造成了通货紧缩,通货紧缩又加剧了经济衰退,因此通货紧缩是政策制定者应极力避免的现象。

三、货币数量论

货币数量论是解释通货膨胀的一个经典理论。这一理论基于如下的货币数量方程:

$$货币 \times 货币交易流通速度 = 价格 \times 交易量$$

方程右边是一段时期的交易数量乘以每一笔交易的价格,即满足所有交易需要的货币总量。方程左边是货币存量乘以货币流通中被使用的次数,这些货币用来满足所有交易。

由于交易量难以被直接统计,因此通常被替换为实际产出,此时货币交易流通速度变为货币收入流通速度,货币数量方程变为:

$$货币 \times 货币收入流通速度 = 价格 \times 实际产出$$

注意到此时方程右边是价格乘以实际产出,也就是名义产出,或者说名义 GDP。

货币数量论假设货币数量方程中,货币流通速度是不变的,由此得出两个结论。第一,方程左边的变动即货币数量的变动等于方程右边的变动即名义产出的变动。因此,货币供给的变动引起了名义 GDP 等比例变动。第二,货币供给增长越快,通货膨胀率越高。由货币数量方程可以得到:

货币供给增长速度 = 价格上涨速度 + 实际产出增长速度

价格上涨速度即为通货膨胀率,实际产出增长速度即为经济增长率,由此得到:

通货膨胀率 = 货币供给增长速度 − 经济增长率

当货币供给快速增长、经济增长率没有变化时,通货膨胀率也会随之提高。

根据货币数量论,通货膨胀的原因是货币供给增长过快。但是,需要注意这一理论的前提是货币流通速度不变。这一前提在中国经济中并不成立,在美国经济中短期内货币流通速度也会有所波动。图 12-1 给出了中国与美国的 M2 和名义 GDP 之比。其中,M2 可以衡量货币供给,名义 GDP 即为名义产出,根据货币数量方程,M2 和名义 GDP 之比即为货币流通速度的倒数。从图中可以看到,中国的 M2 和名义 GDP 之比波动剧烈,整体上快速上升,但 2017 年转为下降。美国的货币流通速度也并不稳定,近期 M2 和名义 GDP 之比呈现缓慢上升趋势,意味着货币流通速度正逐渐下降。

图 12-1　中国与美国的 M2 和名义 GDP 之比

数据来源:Wind。

图 12-1 中另一个值得注意的现象是中国的 M2 和名义 GDP 之比高于美国,这有时被用来论证中国货币超发的观点。这些观点是有问题的,一般来说,货币是否超发的评定标准应当是通货膨胀率是否显著提高。从这一点上看,尽管中国很长时间内 M2 和名义 GDP 之比都在上升,但这只是说明了货币流通速度在不断下降,同期通货膨胀率并未显著提高,说明货币并不存在超发现象。

中国的 M2 和名义 GDP 之比较高,可能的原因如下。首先,中国金融体系以银行借贷的间接融资为主,银行需吸纳存款才能放出贷款,导致以存款为主的 M2 比较高。其次,原始的货币数量方程表明,货币是用来满足交易的,而名义 GDP 核算的是增加值,并不是交易量。所以,中国 M2 和名义 GDP 之比高也说明中国很多交易中伴随着的增加值,也就是纳入 GDP 核算中的部分可能并不多。比如,房地产交易虽然使用了大量货币,但是其中一部分并不纳入 GDP 核算中。

归纳来看,货币数量论的前提假设在现实中并不成立,也忽略了通货膨胀的短期变化。这一理论只是意味着,如果长期中没有特殊因素导致货币流通速度显著变化,那么货币供给增长率大幅高于经济增长率,将推动通货膨胀率提高。货币数量论只是解释通货膨胀的一个经典理论,并不适合用来分析短期中国经济。为了理解现代经济学对通货膨胀的解释,需要使用总需求和总供给的分析框架,这将在下一部分学习。

本章小结

1. 在一定条件下,通货膨胀是一种货币铸造税。

2. 通货膨胀的成本包括鞋底成本和菜单成本,也会造成资源配置无效率、改变个人税负和产生再分配效应等。

3. 温和的通货膨胀提高了生产要素市场的弹性,全球主要经济体均把 2%—3% 作为通货膨胀目标。

4. 经济整体价格下降的通货紧缩不但不会有利于经济增长,反而会产生很大危害。

5. 根据货币数量论,通货膨胀的原因是货币供给增长过快,但这一理论的前提往往并不成立。

关键术语

货币铸造税 恶性通货膨胀 通货紧缩 债务-通货紧缩理论 货币数量论

思考题

1. 把本章所有的数据图更新到最新年度、季度或者月度。
2. 当前中国的通货膨胀严重吗？会对经济产生哪些不利影响或有利影响？

专题三：中国货币、财政和价格数据结构

本专题主要介绍中国货币、财政和价格数据结构。图 A3 给出了数据结构图。

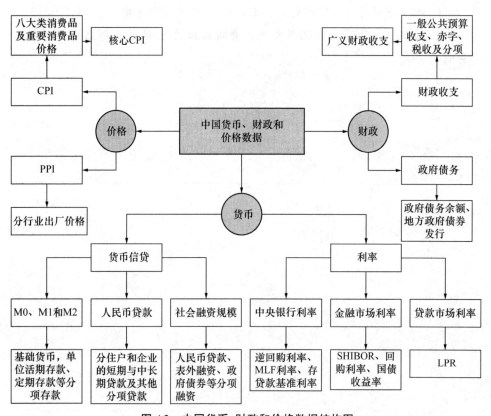

图 A3　中国货币、财政和价格数据结构图

第一，货币方面，主要由货币信贷和利率相关数据构成，反映了宏观经济的货币政策条件、信贷需求、金融市场情况等。货币信贷数据分为货币供给、人民币贷款和社会融资规模三个部分。货币供给有 M0、M1 和 M2 三个统计

口径,分项指标有单位活期存款、定期存款等存款数据。此外,基础货币也与之相关。人民币贷款主要由住户和企业的短期与中长期贷款构成,还可以进一步细分为更多类型的贷款。社会融资规模包括人民币贷款、各类表外融资、政府债券等分项数据。这些信贷数据既能反映整体信贷需求,也能反映金融市场结构。

利率数据分为中央银行利率、金融市场利率和贷款市场利率三个部分。中央银行利率包括逆回购利率、MLF 利率和存贷款基准利率,通常变动频率较低。金融市场利率包括 SHIBOR、回购利率和国债收益率等,能够反映金融市场的流动性和风险状况。贷款市场利率主要是 LPR,也可以关注其他利率相关的调查数据。

第二,财政方面,主要由财政收支和政府债务相关数据构成,反映了宏观经济的财政政策条件、生产和收入状况等。财政收支数据首先可以关注一般公共预算收支,以此可计算赤字率。公共预算收支也包括各类税收等分项数据。其次,还可以进一步关注宽口径下的广义财政收支情况,包括政府性基金收支、国有资本经营收支和社会保险基金收支等。政府债务数据包括政府债务余额、地方政府债券发行情况,这些均可以反映财政支出状况,与未来政府土地储备和财政支出等密切相关。

第三,价格方面,主要由 CPI 和 PPI 相关数据构成,反映了宏观经济的通货膨胀率、企业成本、市场需求等。CPI 的分项数据主要关注八大类消费品及重要消费品的价格波动情况,其中,剔除了食品和能源价格的核心 CPI 反映了总需求的变化情况。PPI 的波动对经济周期的反应更加敏感,与工业企业面临的市场需求相关,其中,分行业的价格数据也能够部分反映企业的生产成本。

常用网站和数据资料三

中国人民银行网站

(http://www.pbc.gov.cn/)

中国人民银行网站发布中国货币金融数据,包括货币统计数据、社会融资数据、金融机构和金融市场数据等,并发布一些具体货币政策和货币政策执行报告。

一般来说,央行每个工作日都会发布一些具体货币政策的公告。每月的10—15号左右,央行会发布上个月的货币金融统计数据,并包括一些数据简要的统计分析。每个季度的第二个月,央行还会发布上个季度的货币政策执行报告,总结当前的宏观金融运行和货币政策实施情况。需要注意的是,价格和通货膨胀的数据并不由央行发布,而是由国家统计局发布。

财政部网站

(http://www.mof.gov.cn/)

财政部网站发布中国财政数据,包括每月的财政收支数据、地方政府债券发行和债务余额数据、国有及国有控股企业数据等,以及每年的财政预算与决算数据等,并发布一些具体的财政政策文件。

第四部分

经济波动理论

第13章 经济波动导论

【学习目标】

掌握中国经济波动的特征事实,理解经济波动理论的出发点。

【知识要求】

1. 牢固掌握中国经济波动的特征事实
2. 牢固掌握经济波动理论的逻辑框架
3. 一般掌握古典宏观经济理论

【内容安排】

一、经济波动事实

二、理论出发点

一、经济波动事实

无论是中国还是美国,从短期来看GDP增速总围绕着自然增长率上下波动,这就是经济波动现象。经济波动意味着经济过热和经济衰退交替出现,有时也被称为经济周期现象。事实上,经济波动不仅是产出的波动,价格、就业、消费、投资、利率等变量也会呈现周期性波动。比如在图3-2中,美国失业率总是围绕着自然失业率上下波动,呈现周期性变化。

产出和通货膨胀的波动趋势通常是一致的。图13-1给出了中国GDP季度同比增速和CPI月度同比增速。可以看到,尽管20世纪90年代中期通货膨胀率波动较大,但90年代末以后,GDP增速和CPI增速基本保持了同步趋势。2013年以后,中国GDP增速非常平稳,同期CPI波动幅度也明显收窄。

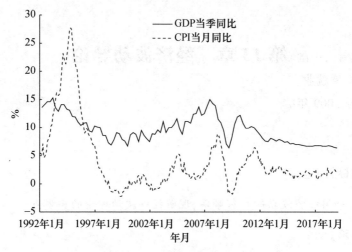

图13-1 中国GDP增速和CPI增速对比

数据来源:中国国家统计局。

产出和失业率的波动趋势通常是反向的。在美国,研究发现GDP增长率和失业率呈现负相关关系,平均来看,如果失业率比自然失业率高1个百分点,那么GDP增速将比潜在产出增速低2个百分点。这一规律被称为奥肯定律。在中国,如图13-2所示,尽管GDP增长呈现过较大幅度的波动,但城

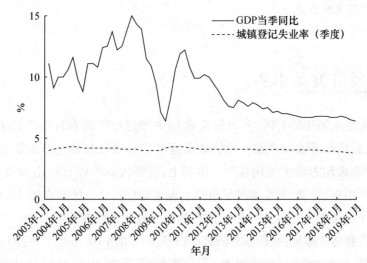

图13-2 中国GDP增速和城镇登记失业率对比

数据来源:中国国家统计局。

镇登记失业率基本保持稳定。这是因为城镇登记失业率无法反映出真实的就业状况,而调查失业率的时间跨度还很小。因而,中国的奥肯定律无法直接给出。

据估计,中国GDP增速每提高1个百分点,将带来150万—200万左右的城镇新增就业。图13-3给出了中国城镇新增就业和GDP增速的对比,二者之比从2009年的117万/百分点上升到2018年的206万/百分点。中国产出和就业是正相关的,也能间接说明产出与失业是负相关的。因此,虽然中国GDP增速和失业率的定量关系可能不同于美国,但奥肯定律给出的负相关关系在中国也是成立的。

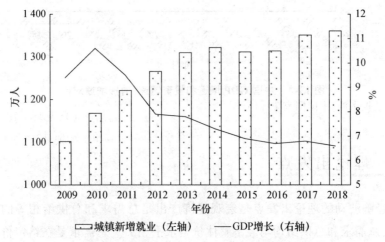

图13-3 中国城镇新增就业对比和GDP增速
数据来源:中国国家统计局。

产出和消费、投资的波动趋势也基本是一致的。图13-4给出了中国GDP、固定资产投资和社会消费品零售总额的同比实际增速。产出、投资和消费同步波动,但相对而言,投资波动的幅度远大于消费。

总结经济波动的基本事实,一般而言,一个国家在经济衰退时,产出增速下降、通货膨胀率较低、失业率上升,投资和消费增速也下降;在经济过热时,产出增速上升、通货膨胀率较高、失业率下降,投资和消费增速也上升。当然,之后也会学习到,这一规律有时并不一定成立,经济也会出现产出下降、通货膨胀率和失业率同时上升的情形,但相对少见。

图13-4 中国GDP增速和投资增速、消费增速对比
数据来源:中国国家统计局。

二、理论出发点

经济波动的理论出发点是宏观经济产出是总需求和总供给相等的均衡结果,总需求和总供给均与经济整体价格水平相关。总需求是在给定价格水平下,经济对总产出的需求,包括消费需求和投资需求等。总供给是在给定价格水平下,经济供给出的总产出,即生产出的产品和服务数量。

经济波动理论使用总需求-总供给模型分析均衡产出的决定。这一模型提出总需求和价格水平呈现负相关关系;总供给和价格水平的关系取决于模型试图刻画的是短期宏观经济还是长期宏观经济。短期宏观经济中总供给和价格水平呈现正相关关系,长期宏观经济中总供给固定在自然产出水平,价格水平可以取任意值。短期和长期的区分标准在于价格水平是否自由调整,或者说是否具有黏性。本部分将详细介绍这些关系背后的经济机制,这里直接使用这些关系解释经济波动。

图13-5给出了长期总需求-总供给模型。其中,纵坐标表示价格水平,横坐标表示总需求、总供给或产出。图中总需求和价格的关系即为总需求曲

线,总供给和价格的关系即为总供给曲线。总需求和价格的负相关关系意味着总需求曲线向下倾斜。长期中总供给固定在潜在产出水平意味着长期总供给曲线是垂直的。两条曲线的交点所确定的总需求和总供给相等,此时达到了均衡,决定了产出水平。

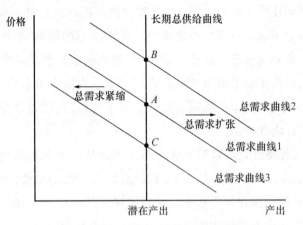

图 13-5　长期总需求-总供给模型

从图 13-5 中可以看到,当总需求扩张或者紧缩时,总需求曲线将相应向右移动或者向左移动,导致均衡从 A 点移动到 B 点或者 C 点。比较这三个点可以看到,均衡产出始终维持在潜在产出水平,说明总需求变动无法改变产出,或者说产出只取决于总供给。

这一结论是古典宏观经济理论的核心,通常被表述为所谓的萨伊定律:供给决定需求。之后将会学习到,货币供给变动导致了总需求扩张或紧缩,由萨伊定律,这不会影响产出,只会影响价格水平。因此,古典经济理论还认为长期中货币是中性的,即不影响产出等实际变量,只影响价格水平。

为了理解萨伊定律,长期中价格自由调整是非常关键的。生产要素市场价格自由调整,意味着生产要素总是处于充分利用的状态。比如,前文已经学习过,给定劳动力供给,无论劳动力需求怎样波动,只要劳动工资自由调整,最终劳动力总是处于充分就业状态,失业率总是等于自然失业率。同理,只要资本租金自由调整,资本总是处于充分利用状态。劳动和资本被充分使用,在给定技术水平下生产出的产出即为潜在产出,也就是总供给。也就是说,总供给取决于充分利用的生产要素和技术水平所决定的生产能力。此时无论总需求怎样波动,只要产品市场价格水平自由调整,最终总需求总是等于总供给，产出总是等于潜在产出水平。

具体地，如果一些因素使得总需求扩张，产品市场价格水平就会上升，企业利润就会提高。企业扩大生产，提高对劳动和资本等生产要素的需求。但是在给定了劳动和资本的情况下，劳动和资本需求提高只会提高劳动工资和资本租金，从而压缩了企业利润。生产要素价格提高也会进一步推高产品价格，从而抑制总需求。只要生产要素需求大于给定的供给，生产要素价格就会持续提高，直到需求等于供给。因此，最终均衡下仍然是给定的劳动和资本进行生产，产出也就始终等于潜在产出水平。在这个过程中，价格水平提高抑制了总需求，抵消了一些因素提高总需求的作用，使得总需求最终仍然等于总供给，即潜在产出。

古典宏观经济理论可以解释为什么宏观经济产出总是围绕着潜在产出波动。尽管短期内产出有时扩张有时收缩，但由于长期中价格自由调整，产出最终都会回归到潜在产出水平。现代宏观经济理论基本接受了古典宏观经济理论关于长期宏观经济的观点。因此在研究长期经济增长时，通常只关注总供给方面潜在产出如何增长。但是，古典经济理论意味着经济产出始终等于潜在产出，只适用于长期宏观经济，而无法解释短期经济波动。为了解释这一现象，必须放松价格自由调整这一关键假设。

事实上，企业自由调整价格只适用于长期，短期内一部分价格并不会自由调整，这被称为价格具有黏性。解释价格黏性的理论有很多。比如，之前学习过，企业调整价格面临着调整成本。再比如，有时成本上涨后企业也不会立刻提高价格。因为企业可能会等到竞争者先提价再行动；或者企业可能会通过改变产品交货时间和质量等属性来降低成本；也有可能企业倾向于稳定价格，对于提高产品价格是很慎重的，从成本上涨到提高价格就会存在时滞。总之，短期内部分价格具有黏性，古典宏观经济理论就不适用了。

图 13-6 给出了短期总需求-总供给模型。此时，由于价格具有黏性，短期总供给曲线向右上方倾斜。之后将解释短期总供给曲线背后的经济机制。由图 13-6 可知，当总需求扩张时，总需求曲线向右移动，导致均衡从 A 点移动到 B 点，产出和价格上升，经济出现过热；当总需求紧缩时，总需求曲线向左移动，导致均衡从 A 点移动到 C 点，产出和价格下降，经济进入衰退。可以看到，短期内总需求变化导致总产出波动，这意味着解释经济波动实际上就

是解释总需求变化。当然,如果总供给发生变化,导致总供给曲线移动,也会导致经济波动,但是这一情形在现实中相对少见。经济波动更经常是总需求变化导致的。

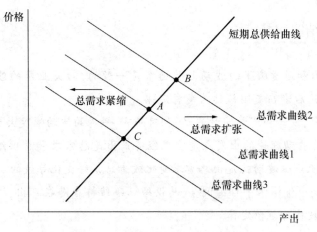

图13-6 短期总需求-总供给模型

基于图13-6,本部分的理论学习分为两步,由简入繁。首先学习总需求理论,此时只关注给定价格水平下总需求的决定,暂时不关注通货膨胀的决定。由于总需求的扩张和紧缩导致了产出的扩张和收缩,简单起见,可以认为总需求就决定了总产出,之后学习总供给理论,与总需求理论联系起来后,分析总产出和价格水平的关系,重点关注通货膨胀的决定。本部分只讨论封闭经济情形,关于开放经济的理论将留在下一部分进行分析。

在开始学习总需求和总供给背后的经济机制前,需要指出的是,宏观经济学的总需求曲线和总供给曲线并不同于微观经济学的需求曲线和供给曲线。微观经济学的需求曲线意味着商品价格越低,由于收入效应和替代效应,对该商品的需求越高。但是,这一机制在宏观经济学中并不成立。因为仅从这一机制出发,整体价格水平越低,不仅商品价格更低,名义收入也会更低,对商品的实际需求就不会变化。微观经济学的供给曲线意味着商品价格越高,企业收入和利润越高,企业就会增加该商品的产量。但是,这一机制在宏观经济学中也并不成立。因为仅从这一机制出发,整体价格水平越高,不仅企业收入和利润更高,而且企业生产要素和中间投入的价格也会更高,成本也就更高,因此生产出的商品的实际产量就不会变化。比如一夜之间所有商品的价格全部上升到之前的10倍,只需要把所有价格后面加上0,而所有实际变量都没有发生变化。总之,宏观经济学的总需求和总供给的形成机制比微观经济学更加复杂,需要引入新的宏观经济特征。

本章小结

1. 产出和通货膨胀的波动趋势通常是一致的,和失业率的波动趋势通常是反向的,后者在美国被称为奥肯定律。

2. 产出、投资和消费同步波动,相对而言,投资的波动幅度大于消费。

3. 经济波动理论的出发点是宏观经济产出是总需求和总供给相等的均衡结果,因此产出波动就是由总需求变化或者总供给变化导致的。

4. 长期中价格水平自由调整,总供给始终维持在潜在产出,进而决定了总需求,这被称为萨伊定律。

5. 短期内价格水平具有黏性,总需求变化将导致经济波动。

6. 宏观经济学的总需求和总供给均与价格水平相关,但背后的经济机制不同于微观经济学的需求曲线和供给曲线。

关键术语

奥肯定律　萨伊定律　总需求　总供给　价格黏性

思考题

1. 把本章所有的数据图更新到最新年度、季度或者月度。
2. 当前中国处于经济衰退吗?为什么?

第 14 章　产品市场和财政政策

【学习目标】

掌握凯恩斯交叉理论,理解财政政策的短期影响。

【知识要求】

1. 牢固掌握凯恩斯交叉理论的经济机制
2. 牢固掌握财政政策的影响机制
3. 一般掌握凯恩斯交叉图

【内容安排】

一、凯恩斯交叉理论

二、财政政策的影响

一、凯恩斯交叉理论

这一章开始学习总需求理论。这一理论关注产品市场和货币市场均衡,认为总需求取决于产品市场和货币市场同时达到均衡时的总需求。凯恩斯交叉理论给出了产品市场均衡的条件和机制。

封闭经济中总需求是消费、投资和政府支出之和。在凯恩斯交叉理论中,总需求也被称为计划支出,简称 PE,于是

$$\text{计划支出}(PE) = \text{消费}(C) + \text{投资}(I) + \text{政府支出}(G)$$

或者说,居民计划消费多少、企业计划投资多少、政府计划支出多少,这些都是居民、企业和政府的需求。

凯恩斯交叉理论提出,当产品市场的实际产出等于计划支出时,产品市场达到均衡,即

$$实际产出(Y) = 计划支出(PE)$$
$$= 消费(C) + 投资(I) + 政府支出(G)$$

产品市场均衡时既决定了总产出,也决定了总收入和总需求,都可以用 Y 来表示。因而可以说凯恩斯交叉理论是关于总需求在产品市场如何决定的理论。

存货调整是使得产品市场达到均衡的市场力量。具体地,如果实际产出小于计划支出,企业就会动用存货满足支出,导致企业存货下降。企业观察到存货下降,就会增加生产补库存,导致实际产出上升,直到实际产出和计划支出相等。反之,如果实际产出大于计划支出,过剩的产出就会变为存货。企业观察到存货上升,就会减少生产去库存,导致实际产出下降,直到实际产出和计划支出相等。

凯恩斯交叉理论进一步提出,居民消费由消费函数决定,是可支配收入的函数。可支配收入是总收入减去政府税费 T,即税后收入。消费函数写作

$$C = C(Y - T)$$

基于消费函数,定义边际消费倾向(MPC)为可支配收入每变动 1 单位,消费会变动几单位,即

$$MPC = C(Y - T + 1) - C(Y - T)$$

总收入增加或者税收减少,都会增加可支配收入,于是消费也会增加,因而边际消费倾向大于 0。边际消费倾向通常还小于 1。这意味着可支配收入每增加 1 元,虽然居民消费也会随之增加,但增量小于 1 元,没有被消费的部分即为居民储蓄。也就是说,居民将增加的可支配收入部分用于消费,部分用于储蓄,因此边际消费倾向小于 1。

可以把消费函数画在图形上。如图 14-1 所示,给定税收后,随着总收入的提高,消费也有所增加,但消费增加的速度小于总收入,因此消费曲线的斜率是小于 1 的。简单起见,可以把消费曲线画作直线。消费曲线是直线还是曲线并不重要,不会影响凯恩斯交叉理论和总需求理论的结果,关键是消费曲线的斜率应小于 1。

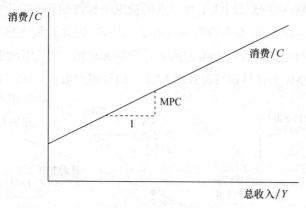

图 14-1 消费函数

关于消费函数还有两点需要特别关注。首先,消费函数中没有包括利率。通常认为利率并非影响消费的主要因素,居民消费对利率的波动并不敏感。虽然利率提高了居民储蓄回报率,但由于未来得到的利息收入更多,居民也有增加当下消费的倾向,因此未必就会增加储蓄。并且,现实中利率波动具有短期性,而消费相对平稳。但是得益于金融发展,中国居民消费贷款增长较快,比如汽车贷款等。如果利率下降,还贷成本也就下降,居民消费就会增加。

其次,消费函数认为影响消费的收入只是当期的可支配收入,但消费相对于收入波动来说通常是比较稳定的。如持久收入理论、生命周期理论等理论认为,影响居民消费的更重要的因素是其一生的总收入,居民对一生总收入的预期决定了当期的消费。比如,即使一个人当前的收入水平比较低,但如果他预期到之后的收入会快速提高,他也会在当期就增加消费,甚至借款来消费,等以后收入提高后再还款。因此,消费信心也是影响消费的重要因素。比如,如果居民对未来充满了乐观预期,那么即使可支配收入不变,消费也会增加,这在图 14-1 中就体现为消费曲线整体上移。

把消费函数代入凯恩斯交叉理论给出的均衡条件,得到

$$Y = C(Y - T) + I + G$$

给定企业投资、政府支出和政府税收,上式中唯一待定的变量就是总产出 Y,即均衡产出。可以借助图形理解均衡的决定,如图 14-2 所示。上式中方程左边即为纵坐标的实际产出,也是横坐标的总产出和总收入,因此体现到图

中就是通过原点的45°线,线上每一点的横纵坐标都相等。在上式中方程右边计划支出的构成中,企业投资和政府支出给定,因此计划支出无非就是消费函数决定的居民消费加上给定的企业投资和政府支出,因此把图 14-1 中的消费曲线整体上移后即可得到图 14-2 中的计划支出。

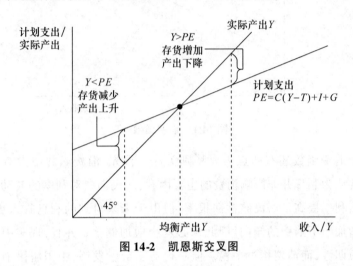

图 14-2 凯恩斯交叉图

由于消费曲线的斜率小于 1,计划支出曲线的斜率也会小于 1,因此必然与实际产出相交。这是凯恩斯交叉名称的由来,图 14-2 也被称为凯恩斯交叉图。交点意味着实际产出和计划支出相等,产品市场也就达到了均衡。从图中也可以看出均衡决定的经济机制。如果产出低于均衡产出,那么实际产出就会小于计划支出,导致存货减少,企业补库存,提高产出直到均衡水平;如果产出高于均衡产出,那么实际产出就会大于计划支出,导致存货增加,企业去库存,降低产出直到均衡水平。

凯恩斯交叉图有助于分析计划支出变化对均衡产出的影响。比如,如果投资增加,导致计划支出增加,就会提高均衡产出。如图 14-3 所示,投资增加后,计划支出曲线上移,均衡产出就会随之提高。凯恩斯交叉理论有助于解释背后的经济机制。作为计划支出的一部分,投资增加后,计划支出增加,将会大于实际产出。企业动用存货满足多出的这部分计划支出。存货减少后,企业开始补库存,于是提高了实际产出和收入。收入提高后又进一步刺激了居民消费,而由于居民消费也是计划支出的一部分,计划支出也就再次增加。企业存货再次减少,企业就会再次增加实际产出,导致总收入再次提高。于是,居民可支配收入再次提高后又会增加消费,上述经济机制就会继续发挥作用,导致实际产出和总收入继续提高。可以看到,投资提高后不但直接增加了计划支出,而且通过提高总收入刺激居民消费又间接增加了计划支出,最终增加了均衡产出。

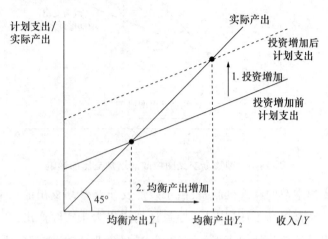

图 14-3 凯恩斯交叉图中投资增加的影响

二、财政政策的影响

凯恩斯交叉理论有助于分析财政政策的影响。财政政策在模型中由政府支出和政府税收组成,这是政府所决定的变量。通常使用财政政策乘数刻画财政政策对产出的影响,定义为政府支出或政府税收每变动 1 元,均衡产出变动多少元,即

政府支出乘数 = 产出的变动量/政府支出的变动量

政府税收乘数 = 产出的变动量/政府税收的变动量

图 14-4 给出了政府增加支出的影响。如果政府支出增加 1 元,会导致计划支出增加 1 元,均衡的产出就会增加,但增加的幅度大于计划支出曲线上升的幅度。因此,政府支出乘数是大于 1 的。

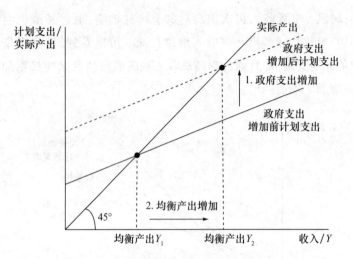

图 14-4　凯恩斯交叉图中政府增加支出的影响

政府支出乘数的经济机制是,由于政府支出是计划支出的一部分,政府支出增加后直接提高了计划支出,导致计划支出大于实际产出,企业动用存货满足多出的这部分计划支出。存货减少后,企业开始补库存,于是提高了实际产出和收入。收入提高后又进一步刺激了居民消费,而由于居民消费也是计划支出的一部分,计划支出也就再次增加。企业存货再次减少,企业就会再次增加实际产出,导致总收入再次上升。于是,居民可支配收入再次提高后又会增加消费,上述经济机制就会继续发挥作用,导致实际产出和总收入继续提高。最终,总产出的上升幅度大于政府支出增加的幅度。可以看到,政府支出乘数强调了政府增加支出后提高了总产出和总收入,进而间接刺激了居民消费。

图 14-5 给出了政府减少税收的影响。如果政府减少税收 1 元,会将居民可支配收入提高 1 元,居民提高消费 MPC 元,于是计划支出上移 MPC 元,均衡的产出就会增加,但增加的幅度大于计划支出曲线上升的幅度。因此,政府税收乘数是大于 MPC 的。

政府税收乘数的经济机制类似于政府支出乘数。政府减税后,居民可支配收入增加,居民就会提高消费。而由于居民消费是计划支出的一部分,计划支出也就会随之增加,导致计划支出大于实际产出,企业动用存货满足多出的这部分计划支出。存货减少后,企业开始补库存,提高了实际产出和总收入。于是,居民可支配收入再次提高,又进一步刺激了居民消费,上述经济

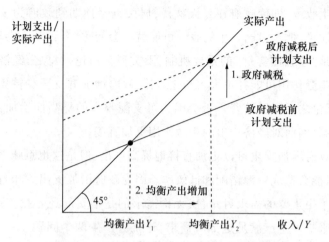

图 14-5　凯恩斯交叉图中政府减少税收的影响

机制就会继续发挥作用,导致实际产出和总收入继续提高。最终,总产出的上升幅度大于居民消费最初的增加幅度。可以看到,政府税收乘数强调减税提高了居民可支配收入,刺激了居民消费。

由于政府增加支出和减少税收都会提高产出,通常这两种财政政策被称为扩张性财政政策或积极财政政策。反之,如果政府减少支出和增加税收,那么就会降低产出,这两种财政政策被称为紧缩性财政政策。现实经济中,财政政策不仅通过居民消费渠道影响经济,还可以通过企业投资渠道影响经济。比如,政府减税不仅降低了居民所得税,也会降低企业税负,企业很可能会扩大生产和投资;再比如,政府支出和居民消费提高后,企业为了满足增加的计划支出,或者企业对未来收入的预期偏向乐观,企业也会扩大投资,满足更多的需求。

在关于财政政策的讨论中,一个富有争议性的问题是政府调整财政政策究竟应当选择改变支出还是选择改变税收。以扩张性财政政策为例。虽然政府增加支出和减少税收在理论上都有助于提高产出,但是,政府减税在作用机制上要求减税后能够刺激居民消费,这在经济出现衰退时可能并非有效。

之后会学习到,之所以出现经济衰退,很可能就是因为居民消费或企业投资信心不足导致总需求低迷。此时即使政府减税提高居民和企业收入,预期也未必就转为乐观而增加开支。此外,有观点认为影响居民消费更重要的因素是一生收入，即使政府在今天减税，居民也会预期到政府为了还债可能会在以后加税，那么自己一生的收入可能就不会变化，今天就不会增加消费。这个观点是"李嘉图等价"的重要机制，下文还会讨论。总之，经济衰退时政府减税的刺激作用可能并不大。与之对比，政府增加开支至少首先提高了计划支出，无论之后居民消费是否会因为可支配收入的提高而增加，总计划支出都会提高，因而对经济产出的刺激作用更加直接。

虽然政府增加支出可以更加直接地提高产出，但是这也意味着政府规模在扩大，可能会造成资源错配和低效率。因为政府增加支出意味着政府在市场中扮演了更重要的需求者角色，无论需求的是消费品还是投资品，都有相应的企业来扩大生产满足这部分需求，这就会产生两个问题。一方面，这部分需求未必就会改进社会福利，很可能会造成生产资源浪费。另一方面，为了满足这部分需求，部分行业或企业需要增加投资，新建工厂、增设生产线、购置新设备、雇用更多工人，即扩大产能。而一旦政府在之后不再支出了，这些行业或企业的产品需求就会骤然下降，利润下降，而之前增加的产能又无法转移，结果造成产能过剩，债务攀升，长期来看这些产能可能就是被浪费的生产资源。比如，政府短期内大规模进行基础设施投资，就会拉动钢铁、水泥等行业的需求，这些行业的企业就会扩大产能，之后政府基础设施投资增速放缓，钢铁、水泥等需求下降，这些行业中的部分企业就会出现产能过剩、杠杆率过高等问题。与之对比，政府减税过程中，政府规模在缩小，可能会减少政府税收对市场经济运行产生的潜在扭曲，因而对生产资源配置效率的负面影响就非常有限。

虽然对于政府应当增加开支还是减少税收存在一定的争议，但扩张性财政政策一直都是政府提高产出和稳定就业的常用工具。比如，2001年美国互联网泡沫破灭加上部分大型企业财务造假，造成了股市下跌和经济衰退，布什政府先后在2001年和2003年减税，主要削减了所得税；2008—2009年美国房地产市场泡沫破灭，引发了系统性金融危机和经济衰退，奥巴马政府在2009年增加了7 870亿美元政府支出；为了进一步刺激经济，特朗普政府在2018年推出了税改法案，大幅降低了企业和个人所得税。

中国政府应对经济下行也常采用扩张性财政政策。比如在1998年亚洲金融危机和2008—2009年美国金融危机期间，为了对冲国内经济遭受的负面冲击,中国政府均采用了积极财政政策,主要是大幅增加政府支出。再比如,2018—2019年中美贸易摩擦升级,中国政府又推出了大规模减税降费政策。这些政策均是扩张性财政政策的典型体现。

本章小结

1. 凯恩斯交叉理论认为产品市场均衡是计划支出等于实际产出的均衡决定的。

2. 消费受可支配收入的影响,边际消费倾向通常小于1。

3. 投资增加将通过提高计划支出而提高均衡产出。

4. 政府支出乘数和政府税收乘数衡量了政府财政政策对产出的影响大小。

5. 政府支出和政府税收对经济的影响各有利弊,采用哪一种政策应当仔细权衡。

关键术语

凯恩斯交叉理论　边际消费倾向　政府支出乘数　政府税收乘数

思考题

1. 近期中国采取了哪些财政政策?政策的目的是什么?
2. 当前中国应当采取什么样的财政政策?为什么?

第 15 章 货币市场和货币政策

【学习目标】

掌握流动性偏好理论,理解货币政策的短期影响。

【知识要求】

1. 牢固掌握流动性偏好理论的经济机制
2. 牢固掌握货币政策的影响机制
3. 一般掌握货币市场均衡图

【内容安排】

一、流动性偏好理论
二、货币政策的影响

一、流动性偏好理论

流动性偏好理论给出了货币市场均衡的条件和机制。这一理论的经济机制类似于前文关于货币市场和信贷市场决定的均衡利率的分析。

流动性偏好理论提出,货币供给和货币需求相等时,货币市场达到均衡。货币供给和货币需求可以用名义量和实际量衡量。名义货币供给取决于央行货币政策,与市场利率没有直接关系。虽然通货存款比、准备金率和货币流通速度等因素都可能影响货币供给,但为了简化分析,假定央行能够根据形势采用多种工具即时调整货币供给,因而名义货币供给只受央行货币政策的控制。名义货币供给与价格水平之比即为实际货币供给。

货币需求是市场参与者,包括居民、企业和金融机构等持有货币的意愿。市场参与者为了满足交易的需要,就会持有货币。价格水平越高,交易所需货币量就越大,市场参与者就会持有更多货币,因此名义货币需求就会越高。通常把名义货币需求与价格水平之比定义为实际货币需求,来反映不受价格水平影响的货币需求。

流动性偏好理论认为决定实际货币需求的核心因素是利率。利率越高,实际货币需求就越低。这是因为,持有货币的机会成本是利率。如果居民或金融机构持有货币,就会损失贷给其他市场参与者所获得的利息,这可能是居民直接存款到金融机构获得的存款利息,也可能是金融机构贷款给企业的贷款利息。如果金融机构持有货币,也会损失存款或者贷款利息,因为如果货币是企业自有的,企业持有货币就损失了直接存款到银行获得的存款利息,如果货币是企业的借款,企业持有货币就需要为此支付贷款利息。总之,利率越高,持有货币的机会成本越高,实际货币需求就会越低。货币需求还和市场风险相关。如果市场风险很高,那么市场参与者都会倾向于持有货币,避免把货币存入金融机构或者贷款给其他市场参与者,此时货币需求就会显著上升。当然,为了简单起见,这里暂时假定市场风险不变,利率是影响实际货币需求的唯一因素。

当货币供给等于货币需求时,货币市场就会达到均衡,即:

实际货币供给=名义货币供给/价格水平=实际货币需求

名义货币供给=价格水平×实际货币需求

与之前关于货币市场和信贷市场均衡利率的经济机制一致,利率调整是货币市场达到均衡的主要渠道。当货币供给大于货币需求时,市场参与者期望持有的货币相对较少,贷方就会相互竞争,从而拉低利率。利率下降不断提高货币需求,直到和货币供给相等。反之,当货币供给小于货币需求时,市场参与者期望持有的货币相对较多,借方就会相互竞争,以持有更多货币,从而抬高利率。利率上升不断降低货币需求,直到和货币供给相等。

可以借助图形理解货币市场均衡,如图 15-1 所示。由于实际货币需求和利率负相关,实际货币需求曲线向右下方倾斜。央行货币政策决定了名义货币供给,在价格水平不变时,实际货币供给也就确定了,与纵坐标(利率)无关,因而实际货币供给曲线垂直。

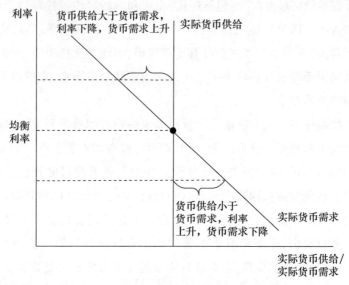

图 15-1 流动性偏好理论决定的货币市场均衡

实际货币供给曲线和实际货币需求曲线的交点确定了均衡利率,此时货币供给等于需求,市场达到均衡。如果货币供给大于货币需求,那么利率就会下降,导致货币需求提高,直至达到均衡点;如果货币供给小于货币需求,那么利率就会上升,导致货币需求降低,直至达到均衡点。

二、货币政策的影响

流动性偏好理论有助于分析货币政策的影响。此时还需要结合凯恩斯交叉理论,即把产品市场和货币市场联系起来,而联系的关键是利率和投资。货币市场的变化影响了均衡利率后,利率又会进一步影响产品市场的企业投资。企业投资是产品市场计划支出的一部分,通常认为与利率负相关。

这是因为,利率是企业投资的成本或机会成本。企业通常需要借款进行投资,需要为此支付利息。而只有当投资项目的收益高于利息时,企业才会有利可图,进行投资;如果投资收益低于利息,企业就不会投资。因此,当利率下降时,就会有更多的投资项目变得有利可图,企业投资规模就会扩大;反之亦然。即使企业使用自有资金进行投资,也损失了把自有资金存入金融机构或者贷款给其他市场参与者得到的利息,这些机会成本也受到利率的影响。利率越低,企业使用自有资金投资的机会成本也越低,企业也会加大投资。

基于此,可以把货币市场和产品市场联系起来。在央行使用货币政策提高货币供给后,货币市场货币供给大于需求,贷方相互竞争就会拉低市场利率。货币市场通过利率渠道传导到产品市场,即利率下降激励了企业的投资需求,导致产品市场计划支出上升,大于实际产出。于是企业补库存,扩大生产,最终均衡产出上升。反之,在央行使用货币政策降低了货币供给后,影响方向就会相反,利率就会上升,投资就会下降,导致均衡产出下降。

图 15-2 结合流动性偏好理论和凯恩斯交叉理论的两张图,展示了货币政策的经济机制。如左图所示,央行增加货币供给后,实际货币供给曲线右移,与实际货币需求曲线的交点向右下方移动,货币市场均衡利率下降。这会促使企业提高投资,如右图所示,计划支出曲线上移,与实际产出曲线的交点向右上方移动,产品市场均衡产出增加。如果央行减少货币供给,曲线移动方向和变量变动方向都会相反,这里不再赘述。

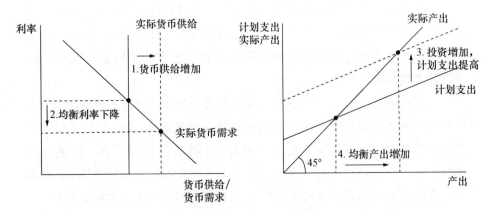

图 15-2 货币供给增加的影响

由于央行增加货币供给会提高产出,通常把这一货币政策称为扩张性货币政策。反之,央行减少货币供给会降低产出,这一政策被称为紧缩性货币政策。央行通过改变货币供给影响利率进而影响产品市场,现实经济中央行往往直接锁定利率目标,因而央行货币政策通常被表述为央行加息或者降息,实质上都是央行通过货币供给来引导市场利率上行或下行,达到目标利率水平。比如,美联储加息或者降息,实际上就是美联储动用公开市场操作等货币政策工具,改变货币市场货币供给,引导联邦基金利率达到目标利率。

虽然理论上货币政策的传导机制主要是通过利率影响企业投资,但是现实中利率也会影响居民消费和政府支出,此外还会通过其他渠道影响产出。比如,汽车、家电、信用卡、网上购物等居民消费涉及贷款,基础设施建设投资等政府支出也涉及贷款,这些支出均与利率相关。如果利率下降,就会刺激居民消费和政府支出;反之亦然。利率下降也可能会降低房地产市场抵押贷款利率,刺激房地产市场交易,虽然房地产销售不直接算作消费或者投资,但是也会间接刺激房地产开发投资,以及与房地产相关的上下游行业的消费和投资。

货币供给增加也可能通过信贷渠道直接影响投资或者消费。央行可以动用一些货币政策工具直接要求金融机构将资金用于支持特定项目的投资。比如,中国央行在2014年创立了抵押补充贷款(PSL)工具,为金融机构提供期限较长的大额融资,以支持国民经济重点领域、薄弱环节和社会事业发展,如国家开发银行对棚户区改造的信贷支持。

总之,尽管现实中货币供给增加后的影响机制更加具体,但是本质上都没有改变图15-2的分析。货币扩张和利率下降后,无论是企业投资上升,还是居民消费或者政府支出上升,都会导致图15-2右图的计划支出曲线上移,从而提高均衡产出水平。

货币政策是央行用于稳定产出、就业和通货膨胀的常用工具。如图10-1所示,在2000—2001年和2008—2009年经济危机期间,美联储均采取了扩张性货币政策,降低联邦基金利率目标,以刺激投资和消费。特别到了2008—2009年的经济危机,美联储在不到一年半的时间里就将联邦基金利率目标降到0.25%的近乎零利率水平,之后维持了将近7年的零利率水平。

中国央行在实体经济下行压力加大时也会采取扩张性货币政策。长期以来,中国央行较常使用的扩张性货币政策工具是降低法定准备金率和存贷款基准利率。但随着中国利率市场化改革的深入和央行货币政策工具的创新,目前央行更多动用逆回购、常备借贷便利、中期借贷便利等工具进行货币扩张。虽然扩张货币的政策工具较多,但本质上都是为了更加精准地降低实体经济的利率水平,以刺激企业投资或居民消费。

本章小结

1. 流动性偏好理论认为市场利率是货币供给和需求相等的均衡决定的。

2. 货币政策通过影响货币供给,进而改变货币市场利率,导致产品市场的投资发生变化,最终影响了总产出。

3. 现实中货币政策的利率渠道也会通过影响居民消费和政府支出,或房地产市场抵押贷款利率等影响产出,此外,货币政策的信贷渠道也可以直接影响投资或消费。

关键术语

流动性偏好理论　货币需求

思考题

1. 当前中国的货币政策对经济的影响是否和本章学习的理论一致？如果不一致,原因是什么？

第16章 总需求-总供给框架

【学习目标】

掌握总需求-总供给框架的经济机制及其对经济波动和宏观政策的分析,理解通货膨胀的决定因素。

【知识要求】

1. 牢固掌握总需求-总供给框架对经济波动和宏观政策的分析
2. 牢固掌握通货膨胀的决定因素
3. 一般掌握宏观政策的利弊权衡

【内容安排】

一、总需求理论

二、总供给理论

三、短期均衡

四、通货膨胀的决定

五、政策讨论

一、总需求理论

分析完产品市场和货币市场的均衡条件,现在来建立总需求理论。总需求是在给定价格水平下,经济对总产出的需求,包括消费需求和投资需求等。为了理解之前看到的总需求和价格水平负相关的总需求曲线背后的经济机制是什么,需要把凯恩斯交叉理论和流动性偏好理论结合起来。

在凯恩斯交叉理论中,计划支出是居民消费、企业投资和政府支出之和,实际上就是所谓的总需求,即经济中各类参与者对消费和投资的总需求。而其中企业投资又受到利率的影响,根据流动性偏好理论,利率由货币市场均衡决定,受价格水平的影响。图16-1结合流动性偏好理论和凯恩斯交叉理论的两张图,展示了价格水平影响总需求的经济机制。

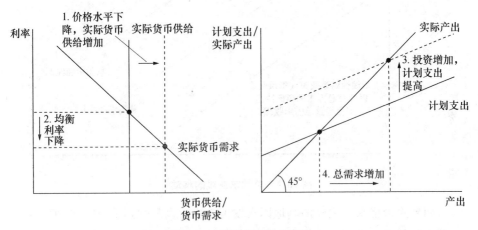

图 16-1　总需求曲线的推导

在左图货币市场均衡中,如果价格水平下降,那么实际货币供给就会提高,实际货币供给曲线右移,导致均衡利率下降。在右图产品市场均衡中,利率下降刺激了投资,提高了计划支出,计划支出曲线就会上移,导致均衡产出也就是总需求增加。反之,如果价格水平上升,那么曲线的移动方向和变量的变化方向均会相反。

图16-1背后的经济机制也可以结合流动性偏好理论和凯恩斯交叉理论来理解。如果价格水平下降,那么实际货币供给就会上升,或者名义货币需求就会下降。换句话说,产品和服务价格更低了,交易时需要使用的货币量就会下降,货币供给就会大于货币需求。根据流动性偏好理论,贷方相互竞争拉低了利率。利率变化进一步传导到产品市场,利率下降刺激了投资,提高了投资需求和计划支出。通过乘数效应,计划支出上升,总产出和总收入上升,就会刺激消费需求,进一步拉高计划支出,最终总需求提高。如果把价格水平和总需求之间的负向关系画在图形上,就是向右下方倾斜的总需求曲线了,如图16-2所示。虽然看起来和微观经济学的需求曲线完全一样,但是总

需求曲线表达的价格水平和总需求的负向关系背后有着更为复杂的经济机制。

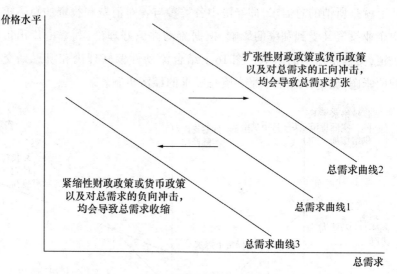

图 16-2 总需求曲线的移动

如果除价格水平之外的其他因素发生变化后也影响到了总需求,那么在图形上就体现为总需求曲线发生移动。影响总需求的因素主要有总需求政策和总需求冲击两类。

根据前文的学习,无论财政政策还是货币政策,均会影响到产品市场均衡决定的计划支出,也就是总需求,因此这两类政策也被称为总需求政策。扩张性财政政策或扩张性货币政策会导致产品市场计划支出提高,即在给定价格水平下总需求均会提高,在图 16-2 中就体现为总需求曲线右移。这就是扩张性总需求政策。背后的经济机制分别由凯恩斯交叉理论和流动性偏好理论给出,在此不再赘述。反之,紧缩性财政政策或紧缩性货币政策会降低给定价格水平下的总需求,总需求曲线左移,这就是紧缩性总需求政策。

除了总需求政策,经济中还可能发生一些重要事件,对产品市场或货币市场产生冲击,也会影响到总需求。对产品市场的冲击包括对消费和投资的冲击。比如,如果一个国家遭遇到了金融危机、重大自然灾害、国际制裁或者政治动乱等重大事件,居民和企业对未来的预期偏向悲观,那么就会减少消费和投资,导致计划支出降低。根据凯恩斯交叉理论,这会降低总收入进而进一步降低消费和计划支出。总之,在这一冲击下,总需求降低了,这被称为对总需求的负向冲击。在图 16-2 中体现为总需求曲线左移。反之,如果一个国家发生了制度变革或者推出了有利政策,居民和企业对未来产生了乐观预期,那么就会加大消费和投资,最终提高总需求,这就是对总需求的正向冲击。在图16-2中体现为总需求曲线右移。

对总需求的冲击还包括对货币市场的冲击,即对货币供给和货币需求的冲击。比如,如果一个国家遭遇到了金融危机,银行坏账率提高,大量银行破产,金融风险显著上升,那么银行吸纳存款放出贷款的货币创造机制就会被抑制,货币乘数就会下降,导致货币供给显著下降。由于风险提高,居民、企业和金融机构等经济参与者都会倾向于把货币持有在自己手里,因此货币需求会显著上升。根据流动性偏好理论,这一冲击导致货币供给下降,货币需求提高,就会提高利率,进而降低投资需求和计划支出,总需求随之降低。在图16-2中体现为总需求曲线左移。反之,如果一些事件使得货币供给提高或者货币需求降低,就会导致总需求扩张,在图16-2中体现为总需求曲线右移。

二、总供给理论

总供给是在给定价格水平下,经济供给出的总产出,即生产出的产品和服务数量。根据萨伊定律,在长期中,如果价格水平自由调整,那么总供给始终为潜在产出水平或者自然产出水平,与价格水平无关,因此长期总供给曲线是垂直的。但是在短期内,价格水平并不会自由调整,一部分产品和服务的价格具有黏性,此时总供给与价格水平就是正相关的,即总供给曲线向右上方倾斜。现在来讨论短期总供给曲线背后的经济理论。较常使用的总供给理论有三个,这三个理论都可以解释为什么短期总供给与价格水平正相关。

第一个总供给理论是黏性价格理论,即在短期内,总有部分企业无法自由调整价格。这意味着总需求变化导致价格水平变化,但价格水平变化不会在短期内立刻使总需求回到自然产出水平,总供给就会相应变化。比如总需求提高后,价格水平就会提高,于是总供给就需要相应增加来满足提高的总需求。如果价格水平自由调整,那么更多的生产数量就会造成生产要素价格提高,进而继续提高产品价格,最终使得总需求回到自然产出水平。如果这种价格调整发生得很快,总供给就不会变化。但是在价格水平无法自由调整时,总有部分企业没有提高产品价格,于是总需求不会被价格上升抑制到自然产出水平,那么总供给就会相应增加来满足这部分多出来的总需求。最终体现为价格水平上升,总供给也上升,二者表现为正相关关系。

第二个总供给理论是黏性工资理论,即在短期,工资等生产要素价格不会自由调整。这意味着总需求变化导致产品价格变化后,短期内生产要素价格不会随之改变,企业就会相应改变生产数量。比如产品价格水平提高后,企业收入就会提高,企业扩大生产增加供给,从而提高对工资等生产要素的需求。如果工资等生产要素价格自由调整,生产要素价格就会上升,企业面临的生产成本提高,这种价格调整很快,企业的实际利润不变,也就不会增加供给。但是如果短期内生产要素价格存在黏性,生产要素价格不会随之提高,企业生产成本不变,收入提高,企业就会获得更多利润,于是供给就会增加。这就使得价格水平和总供给同向变化。

第三个总供给理论是不完备信息理论,即企业对经济总价格水平具有不完备信息。总价格水平上升后,如果企业知道这一信息,只会相应提高价格,不会改变产量。比如,一个手机生产企业,如果一夜之间包括手机在内的所有产品的价格都提高到原来的 10 倍,那么企业只会把自己生产的手机价格后多加一个零,而不会改变手机的产量。但是企业对此所掌握的信息是不完备的,只能观察到自己产品的价格上升。而自己产品价格上升的一个可能原因是自己产品的需求上升,这种情形下企业就会为此提高产量。因此,总价格水平上升后,如果企业并不知道这一信息,只观察到了自己产品价格的上升,那么企业就会认为有可能是自己产品的需求在提高,于是企业就会提高产量满足更多的需求。因此,总供给和价格水平也会同向变化。

以上三个总供给理论从不同角度给出了短期总供给和价格水平的正向关系,在图形上就体现为总供给曲线向右上方倾斜,如图 16-3 所示。虽然看起来和微观经济学的供给曲线完全一样,但是总供给曲线表达的价格水平和总供给的正向关系背后有着更为复杂的经济机制。

如果除价格水平之外的其他因素发生变化后也影响到了总供给,那么在图形上就体现为总供给曲线发生移动。影响总供给的因素主要有总供给政策和总供给冲击两类。

第 16 章 总需求-总供给框架

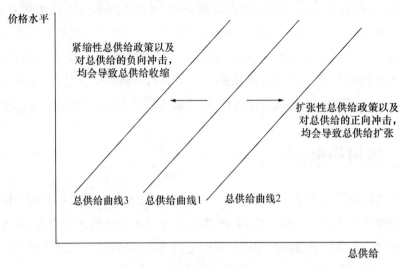

图 16-3 总供给曲线的移动

不同于总需求政策影响消费需求和投资需求，总供给政策影响了企业的生产供给决策。一个典型的总供给政策是税收政策。尽管政府减税是一种扩张总需求的财政政策，但是减税也会影响到供给方面的企业生产。政府降低企业所得税和增值税，提高了企业的税后收入和利润，企业就会扩大生产，提高供给，导致在相同的价格水平下总供给上升。这种扩张性的总供给政策在图 16-3 中体现为总供给曲线右移。总供给政策还包括激励企业研发创新以及改革生产要素市场、产品市场和企业所有制等，这些政策均可能提高企业的生产供给能力，使总供给曲线右移。

现实经济中比较著名的扩张性总供给政策是美国 20 世纪 80 年代里根政府推出的减税政策，主要是削减企业税，目标是激励企业扩大生产，扩大总供给，提倡这一政策的经济学家被称为供给学派。中国政府在 2015 年年底推出了"三去一降一补"的供给侧结构性改革，减税降费只是其中一项政策，相对里根政府时期的供给学派而言，供给侧结构性改革的政策工具更加丰富，涉及更深层次的制度改革等，但目标也是提高企业生产能力，扩大总供给。

除了总供给政策，经济中还可能发生一些重要事件，对企业生产造成冲击，也会影响到总供给。比如，石油等能源价格、大宗商品等原材料价格或者食品价格快速上涨，提高了企业的生产成本，企业因此而削减产量，总供给就会降低,这种对总供给的负向冲击在图16-3中就体现为总供给曲线左移。另一类总供给冲击是由汇率波动导致的,这在一些发生金融危机的新兴经济体比较常见。如果短期内一个国家面临大量资本外流,汇率就会下跌,导致进口产品价格上涨,其中部分产品被用于企业原材料和中间品,于是企业的生产成本就会提高,企业就会削减产量,导致总供给下降,总供给曲线左移。

三、 短期均衡

宏观经济是总需求和总供给相等的均衡结果,总需求和总供给均与经济整体价格水平相关。不同于第14章和第15章不考虑价格水平变化,只关注产出变化,总需求-总供给框架可以同时分析产出水平和价格水平的变化。

现在把总需求曲线和总供给曲线画在同一个图形上,如图16-4所示。在两条曲线的交点,总需求与总供给相等,也就决定了均衡的产出水平和价格水平。如果经济不在这个均衡上,那么总需求曲线和总供给曲线背后的经济机制就会发挥作用,使得经济达到均衡。比如,如果经济不在总需求曲线上,那么产出市场或货币市场就没有达到均衡,凯恩斯交叉理论和流动性偏好理论背后的经济力量就会促使产品市场或货币市场重新回到均衡,即经济回到总需求曲线上。如果经济不在总供给曲线上,那么企业就会在给定价格水平下调整生产产量,或者在给定需求下调整价格,或者同时调整,使得经济回到总供给曲线上。

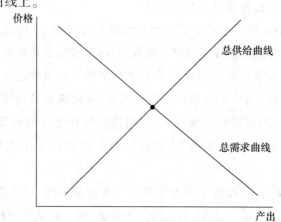

图16-4 总需求-总供给框架下的短期均衡

价格水平和通货膨胀率正相关,即如果价格水平提高,那么衡量价格水平变化率的通货膨胀率也就随之提高。根据奥肯定律,产出水平与失业率负相关,即如果短期内产出下降,那么失业率就会提高。这背后的经济机制是比较直观的。如果短期内产出下降,那么必然是由于劳动没有达到充分就业,资本没有被充分利用,否则产出就不会下降。对应到微观企业层面,就是企业通过解雇员工或者变卖资产来削减产量。而劳动没有达到充分就业,也就提高了周期性失业率。反之亦然。

因此,总需求和总供给框架给出的短期均衡在决定短期的产出水平和价格水平的同时,也就决定了失业率和通货膨胀率,即宏观经济学关注的GDP、通货膨胀率和失业率这三个重要变量均可以用这一框架进行分析。

借助总需求-总供给框架,可以先来解释经济波动。解释的逻辑是经济波动是产出偏离自然产出水平的周期性现象,而产出又是由总需求和总供给共同决定的,因而产出波动一定是总需求或总供给变化导致的。

图16-5给出了总供给变化导致的经济波动。如果经济出现了对总供给的冲击,或者总供给政策发生变化,那么就会使总供给曲线移动。根据前文的分析,当经济出现了对总供给的正向冲击,或者政府采取了扩张性总供给政策时,总供给曲线就会右移。如图16-5所示,此时均衡就会从 A 点移动到 B 点,产出上升和价格下降,即经济增长加快,失业率下降,通货膨胀率较低。反之,当经济出现了对总供给的负向冲击,或者政府采取了紧缩性的总供给

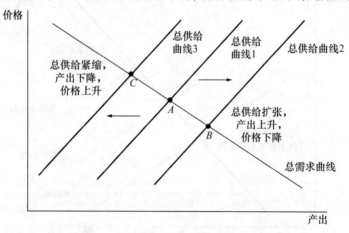

图16-5 总供给变化下经济产出和价格的变化

政策时，总供给曲线就会左移。如图16-5所示，此时均衡就会从A点移动到C点，产出下降和价格上升，即经济增长放缓，失业率上升，通货膨胀率较高。

可以看到，总供给变化会导致经济产出波动，并且此时产出和价格总是反向波动的。现实经济中比较著名的案例是20世纪70年代的美国，由于原油价格快速上涨，美国遭受了一次负向的供给冲击，总供给曲线左移，于是产出下降且价格上升，高失业率与高通货膨胀率并存。在一些发生金融危机的新兴市场化国家，汇率暴跌造成进口品价格上升，也往往会形成负向的供给冲击，导致这些国家在经济衰退的同时出现了高通货膨胀。这种宏观经济高失业率和高通货膨胀率并存的现象也被称为滞胀现象，即增长停滞和通货膨胀同时发生。

图16-6给出了总需求变化导致的经济波动。如果经济出现了对总需求的冲击，或者总需求政策发生变化，那么就会使总需求曲线移动。根据前文的分析，当经济出现了对总需求的正向冲击，或者政府采取了扩张性总需求政策时，总需求曲线就会右移。如图16-6所示，此时均衡就会从A点移动到B点，产出上升和价格上升，即经济增长加快，失业率下降，通货膨胀率较高。反之，当经济出现对总需求的负向冲击，或者政府采取了紧缩性的总需求政策时，总需求曲线就会左移。如图16-6所示，此时均衡就会从A点移动到C点，产出下降和价格下降，即经济增长放缓，失业率上升，通货膨胀率较低。

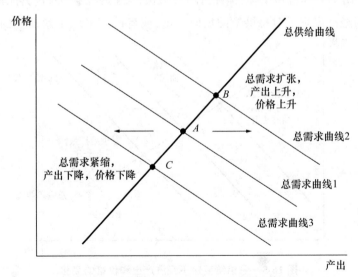

图16-6 总需求变化下经济产出和价格的变化

可以看到,总需求变化会导致经济产出波动,并且此时产出和价格总是同向波动的。尽管总供给变化可以造成经济波动,但在现实中经济波动更多时候都是由总需求变化导致的。美国在2008—2009年出现了经济衰退,就是典型的总需求冲击导致的。美国2007年房地产市场泡沫破灭,导致大量金融机构破产,金融危机爆发,这对产品市场和货币市场造成了巨大冲击。产品市场上居民和企业预期悲观,消费和投资需求显著下降;货币市场上金融风险攀升,货币需求显著上升。这些因素共同造成了总需求下降,引发了经济衰退。

面对经济波动,政策制定者需要做出反应,采取总供给政策或总需求政策等稳定化政策来稳定经济,但是采取什么样的政策,取决于经济波动来自供给方面还是需求方面。如果经济波动是由总供给变化导致的,那么政策制定者就应当采取总供给政策;如果经济波动是由总需求变化导致的,那么政策制定者就应当采取总需求政策。否则,采用的政策很可能会加剧波动。以经济衰退时的稳定化政策为例。

首先来看总供给方面造成的经济衰退。如图16-7所示,经济最开始位于总需求曲线1和总供给曲线1决定的均衡A点,假定此时充分就业,通货膨胀率较低。如果总供给冲击或总供给政策导致总供给曲线左移,均衡就会到达B点,此时产出下降,通货膨胀率提高,发生滞胀现象。这是总供给变化导致的经济衰退,政策制定者应当采取扩张性总供给政策,推动总供给曲线右

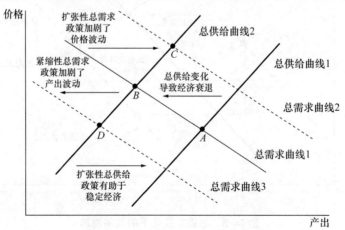

图 16-7　总供给变化下的政策影响

移,经济产出恢复,价格下降,可能回到 A 点。但是,如果在 B 点政策制定者采取了总需求政策,那么就会加剧经济波动。扩张性总需求政策使得总需求曲线右移,均衡到达 C 点,价格水平更大幅度上升;紧缩性总需求政策使得总需求曲线左移,均衡达到 D 点,产出水平更大幅度下降。因此,总供给方面导致的经济波动必须采取总供给政策,而总需求政策是无法解决的。

其次来看总需求方面造成的经济衰退。如图 16-8 所示,经济最开始位于总需求曲线 1 和总供给曲线 1 决定的均衡 A 点,假定此时充分就业,通货膨胀率较低。如果总需求冲击或总需求政策导致总供给曲线左移,均衡就会到达 B 点,此时产出和价格下降,甚至可能出现通货紧缩。这是总需求变化导致的经济衰退,政策制定者应当采取扩张性总需求政策,推动总需求曲线右移,经济产出恢复,价格上升,可能回到 A 点。但是,如果在 B 点政策制定者采取了总供给政策,那么就会加剧经济波动。扩张性总供给政策使得总供给曲线右移,均衡到达 C 点,价格水平更大幅度下降;紧缩性总供给政策使得总供给曲线左移,均衡达到 D 点,产出水平更大幅度下降。因此,总需求方面导致的经济波动必须采取总需求政策,而总供给政策是无法解决的。

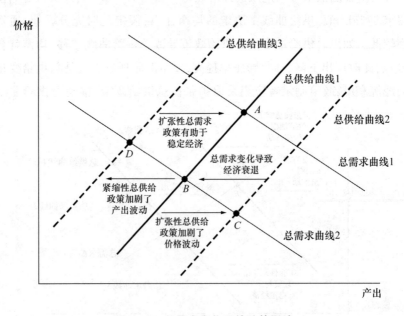

图 16-8 总需求变化下的政策影响

虽然理论上总供给变化或总需求变化导致的经济波动应当相应采取总

供给政策或总需求政策,但是现实中准确甄别出经济波动的原因是很困难的,而且有时总供给和总需求都在变化,共同造成了经济波动。这给政策制定者稳定经济造成了很大的困难。比如,中国从2012年后经济增长开始放缓,判断这是总需求方面还是总供给方面出现了问题,或者这只是长期增长趋势下的正常现象,将决定中国宏观政策。2015年中国政府推出的供给侧结构性改革,着力于供给方面,说明政府判断当前中国宏观经济的主要问题是在供给方面。如果总需求没有受到很大冲击,采取扩张性总需求政策很可能会造成通货膨胀,加剧经济波动。

近30年中国宏观经济波动也来自冲击或政策引起的总供给波动或总需求波动。20世纪90年代初,伴随着市场化改革的深入,投资热情高涨,银行信贷也偏向宽松,导致总需求旺盛,产出快速增长的同时通货膨胀率大幅攀升。为此,中国采取了紧缩性财政政策和货币政策,促使经济"软着陆",在不明显损害产出和就业的基础上逐渐降低通货膨胀。1998年亚洲金融危机爆发,中国遭受了负向的总需求冲击,财政政策和货币政策相应转为扩张。在21世纪初,中国加入世界贸易组织,加之银行业、国有企业、房地产市场等领域改革,基础设施建设投资提速,导致总需求快速扩张。2008年美国金融危机爆发,引发了全球性的经济衰退,中国再次遭受了负向的总需求冲击,财政政策和货币政策再次扩张,以求稳定经济。2012年以后,由于增长速度换挡、经济结构深度调整、刺激政策有待消化等因素,经济供给方面出现了很多深层次的矛盾,宏观经济政策转向以总供给政策为主,并在必要时辅以适度的扩张性总需求政策。

四、通货膨胀的决定

现在来专门讨论短期通货膨胀的决定。事实上,之前已经学习过,总需求和总供给共同决定了价格水平,而价格水平变化就是通货膨胀率,因而也就决定了通货膨胀率。除了总需求和总供给,通货膨胀还可能受通货膨胀预期的影响,这是现代宏观经济理论认为的决定通货膨胀的三个主要因素,可以借助下面的菲利普斯曲线来分析。

根据图16-6,如果总需求变化,那么均衡从A点到达B点或者C点,即均衡总是沿着总供给曲线移动。比较这些均衡可以发现,此时价格水平和产出水平总是同向变化。由于价格水平和通货膨胀率正相关,而根据奥肯定律,产出水平又和失业率负相关,因此,此时价格和产出的正向关系就转化为通货膨胀率和失业率的负向关系。图16-9画出了这一关系,这就是菲利普斯曲线,也可以表达为:

$$通货膨胀率 = 系数 \times 就业缺口$$

上式中系数为正数,就业缺口即实际就业与充分就业之差,或者是自然失业率与失业率之差。如果失业率较高,实际就业低于充分就业,那么就业缺口就为负数,通货膨胀率就会较低。如果失业率较低,实际就业大于充分就业,那么就业缺口就为正数,通货膨胀率就会较高。

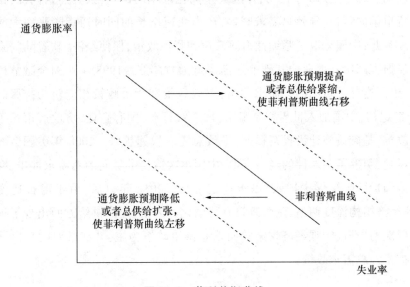

图16-9 菲利普斯曲线

除总需求变化外,如果总供给变化导致总供给曲线左移,也会造成价格水平上涨和通货膨胀。此外,那些黏性价格企业无法即时根据经济形势变化来调整价格,也就是说,其产品当前的价格都是在之前就确定的。因此,如果经济参与者对通货膨胀的预期上升,这些企业就会把产品价格提高,于是通货膨胀率也会上升。如果考虑这两个因素,菲利普斯曲线所给出的通货膨胀还需纳入总供给和通货膨胀预期,即

$$通货膨胀率 = 通货膨胀预期 + 系数 \times 就业缺口 + 总供给变化$$

如图 16-9 所示,如果通货膨胀预期提高或者总供给紧缩,通货膨胀率就会上升,这不是由于失业率变动导致的,因而菲利普斯曲线会整体右移。反之,如果通货膨胀预期降低或者总供给扩张,通货膨胀率就会下降,菲利普斯曲线会整体左移。当总需求发生变化时,经济就会沿着菲利普斯曲线移动。总需求扩张,经济沿着菲利普斯曲线向上移动,于是通货膨胀率提高;总需求紧缩,经济沿着菲利普斯曲线向下移动,于是通货膨胀率降低。注意到均衡沿着菲利普斯曲线向上或向下移动等价于沿着总供给曲线向上或向下移动,因此菲利普斯曲线和总供给曲线实质上是同一枚硬币的正反面,可以一一对应。

菲利普斯曲线把短期决定通货膨胀的三个因素全部纳入,现在依次来讨论其政策含义。决定通货膨胀的第一个因素是总供给变化,因此,这种通货膨胀也被称为供给推动型通货膨胀。这一通货膨胀是由于总供给受到负向冲击或者总供给政策紧缩导致的,往往也会伴随着经济衰退,引发滞涨现象,即通货膨胀与失业率同向变动,与产出反向变动。根据之前的理论,此时为了降低通货膨胀,理想的政策是扩张总供给。但是扩张性总供给政策往往在短期内并不能立刻见效,而如果此时选择紧缩性总需求政策,就会造成更严重的产出下降和失业加剧。

在现实经济中,总供给冲击经常来自某一类产品价格的快速上涨,比如石油价格或食品价格,应对这种冲击导致的通货膨胀,更优先的政策是稳定这类产品的供求,而非采用影响全局的总供给政策或总需求政策。

决定通货膨胀的第二个因素是总需求变化,因此,这种通货膨胀也被称为需求拉动型通货膨胀。这一通货膨胀是由于总需求受到正向冲击或者总需求政策扩张导致的,往往伴随着经济过快增长,失业率偏低,即通货膨胀与失业率反向变动,与产出同向变动。根据之前的理论,此时为了降低通货膨胀,理想的政策是紧缩总需求。但是,紧缩总需求政策使经济均衡沿着图16-6 中的总供给曲线向左下方移动,或者沿着图 16-9 中的菲利普斯曲线向右下方移动。这意味着降低通货膨胀的同时将带来产出下降,失业率上升。因此,降低通货膨胀是有政策成本的,这一成本通常使用牺牲率来衡量。牺牲率是指为了降低一个百分点的通货膨胀率,会导致几个百分点的产出损失。

与之对应,如果经济出现衰退,政策制定者为了提高产出、降低失业率而采取扩张性总需求政策,就使得经济均衡沿着图 16-6 中的总供给曲线向右上方移动,或者沿着图 16-9 中的菲利普斯曲线向左上方移动。这意味着产出提高、失业率降低的同时将带来通货膨胀率的上升。

因此,政策制定者面临着通货膨胀和失业的短期权衡的两难。因为政策制定者控制总需求,只能导致经济沿着总供给曲线或者沿着菲利普斯曲线移动。如果政策制定者通过紧缩总需求降低通货膨胀率,那么就会提高失业率;如果政策制定者通过扩张总需求降低失业率,那么就会提高通货膨胀率。

现实中经常听到美联储政策取向被归为鹰派或者鸽派,区别就在对通货膨胀和失业的短期权衡中更看重哪一个。如果更看重通货膨胀,而对就业市场状况变化的敏感性不高,那么面对可能出现的通货膨胀就会倾向于快速提高利率,紧缩货币,即具有鹰派的政策取向。如果更看重就业市场,而可以容忍一定程度的通货膨胀,那么就会在经济下行压力加大时更偏向立即降息,扩张货币,即具有鸽派的政策取向。

美联储和欧洲中央银行在通货膨胀与失业的短期权衡上也存在差别。美联储明确提出政策目标是促进充分就业、价格稳定、长期利率平稳等,即在就业和物价之间保持平衡。而与之不同的是,欧洲央行明确提出首要目标是维持价格稳定,使通货膨胀在中期低于但是接近于 2%,因此产出和就业的稳定等其他目标是次要的。在 2008—2009 年面对经济衰退和失业率上升时,美联储迅速做出反应,快速降息并推出了量化宽松政策,而欧洲央行政策则相对滞后,一个重要原因就是欧洲央行认为稳定产出和就业不是其主要目标。

决定通货膨胀的第三个因素是通货膨胀预期。通货膨胀预期受多种因素的影响,一个理论认为对未来通货膨胀的预期来自当前的通货膨胀。如果当前通货膨胀率很高,人们就会预期未来不会很快降低,于是形成了较高的通货膨胀预期。这一理论被称为适应性预期。适应性预期意味着通货膨胀具有惯性,当前的高通货膨胀通过影响通货膨胀预期,导致企业在未来提高价格,从而传递为未来的高通货膨胀。

如果政策制定者能够降低通货膨胀预期,那么就会使企业降低价格,在图 16-9 中就体现为菲利普斯曲线整体左移,此时就可以在不牺牲产出和就业的情况下降低通货膨胀。这也是理性预期理论的政策出发点。这一理论秉承所谓的"卢卡斯批判"的思想,认为人们可以最优地利用所有可获得的信息来预测未来,因此在评估政策影响时,不但应关注政策的直接影响,而且必须考虑政策通过影响预期进而影响人们的选择的间接影响。具体到降低通货膨胀的政策上,理性预期理论意味着政策制定者应当态度坚决地降低通货膨胀率,这会直接降低通货膨胀预期,反而不会导致失业率大幅上升和产出大幅下降,此时降低通货膨胀的牺牲率就会较低。因此,理性预期理论的政策含义是政策制定者应当充分与市场沟通,如果政策制定者的承诺是可信的,那么通过引导预期,就会直接影响企业和个人选择,从而有助于增强政策的有效性。

  2008年全球金融危机之后,前瞻性指引、预期管理和中央银行沟通等逐步受到重视。事实上,中央银行一直以来都在不断改进和完善与市场的沟通。最开始披露总体目标和策略;然后公布决策结果,如目标利率水平等;之后,在决策结果之外,还公布决策的原因以及对经济的展望。近年来,面临零利率下限约束,一些央行尝试引进前瞻性指引,即央行直接发布利率的未来预期路径。总体来看,货币政策调控框架的演进更加强调了透明度和规则性,这本身就是强化沟通的一种重要方式。一些对央行沟通实践的实证研究也表明,有效的沟通的确能够影响金融市场,提高货币政策的可预测性,帮助货币当局实现宏观经济目标。中国央行也在不断加强与市场的沟通,强调了预期管理对物价、利率和汇率的影响。

  最后需要补充一点,菲利普斯曲线给出了通货膨胀和失业的短期权衡,之所以称为短期,是因为其背后的经济机制来自总需求-总供给框架,而这一框架是短期宏观经济的分析工具。但是在长期,总供给曲线是垂直的,即从长期来看产出维持在自然产出水平,失业率也就保持在自然失业率水平,因而与通货膨胀就不再具有负向关系。如果在如图16-9关于通货膨胀率和失业率的二维平面中画出长期菲利普斯曲线,那么就是一条垂直的线,与横轴的交点就是自然失业率。此外,最近十余年美国等发达国家失业率下降,而同期通货膨胀率并没有明显上升,菲利普斯曲线看似不再成立,这也有待于继续观察和深入解释。

五、政策讨论

在评估政策时，通常需要考虑政策在多大程度上和多长时间能够影响经济以及政策是否会产生负面影响这两个方面。其中，政策多长时间能够影响经济通常被称为政策的时滞，即从政策制定者观察到经济形势变化到制定出台政策，再到政策影响经济的时间跨度。政策时滞对于政策评估很重要，因为如果政策时滞很长，那么很可能经济形势在政策制定出台时已经发生了显著变化，政策的影响就会适得其反。借助已经学习的理论框架，依次来讨论三个现实政策问题。

第一个要讨论的问题是关于财政政策和货币政策的选择。财政政策分为政府税收和政府支出两类。财政政策的优势在于当总需求遭受严重的负向冲击，居民和企业的消费需求和投资需求低迷时，政府能够扮演所谓的"最后需求者"角色，提振总需求。特别是政府支出的政策，即使居民和企业在经济政策刺激下也不增加支出，政府支出本身也是总需求的一部分，可以直接影响总需求。并且，财政政策的时滞通常比较短，政府支出能够对经济形势做出即时反应，短期效果明显。

但是，财政政策中税收政策对居民和企业的刺激效果可能在经济严重衰退时并非有效，并且财政政策有可能会造成市场扭曲，催生很多长期问题。此外，财政政策还可能降低企业投资，产生所谓的"挤出效应"。因为当政府增加开支或者减税时，更多的银行信贷就会投入政府支出项目或者居民消费中，企业可获得的信贷就会相应减少，导致利率也就是企业贷款成本提高，从而挤出企业投资。

与财政政策不同的是，货币政策由于传导渠道是通过降低利率刺激企业投资和居民消费，在此过程中政府规模并未扩大，一般而言对市场的扭曲程度相对较低。在美国等一些国家，货币政策也成为应对经济波动的首选。如果不发生重大危机，财政政策通常较少使用。

央行通过货币政策还能发挥所谓的"最后贷款人"功能。在金融市场风险显著上升时，这可能是由于一些代表性的金融机构破产造成的冲击，市场上的金融机构普遍面临着贷方把短期债务变现的要求，如商业银行遭受到大量储户提现,这被称为挤兑现象。此时即使一些金融机构的长期资产状况很好,但短期内的流动性也会出现危机,最终金融市场的交易双方变得更加谨慎,信贷渠道完全被破坏,大量优质金融机构也会随之破产,进而影响实体经济。为了避免挤兑现象,央行应当遵循所谓的白芝浩原则,即在合格的资产作为抵押的前提下,央行应当作为最后的贷款人,为银行提供尽可能多的贷款,帮助金融机构度过危机。因此,货币政策也是应对金融危机的有效工具。

央行保有最后贷款人功能,将会带来道德风险问题。如果一些金融机构预期到金融系统出现重大风险时,央行会救助和兜底,那么在日常业务交易中就会更偏好于高风险的高收益投资,使得央行成为潜在的风险分担者。为了避免道德风险问题,央行就会对金融机构加强监管,以宏观审慎政策防范金融风险。

货币政策也存在一些弊端。首先,货币政策对市场预期和金融市场的影响时滞虽然可以很短,但对实体经济的影响时滞相对较长,因为货币政策首先影响了货币市场定价,企业和居民观察到利率变化,在慎重权衡后才有可能改变投资和消费决策,进而影响总需求,这一影响渠道的时间跨度可能相对较长。

其次,货币政策对企业投资和居民消费的刺激效果未必显著。因为在经济衰退期,企业和居民的预期偏向悲观,市场需求低迷,收入增长放缓,此时即使利率有所下调,企业和居民也未必会增加支出。特别地,当经济在零利率附近时,持有货币的机会成本几乎为零,而且通常此时市场风险也较高,市场需求不振,此时货币供给增加后,货币需求会相应提高,以吸收新增的货币供给,对利率的影响非常小。或者说新增货币总是被金融机构持有,停留在金融系统内部,无法传导到实体经济的企业或居民中。这一现象被称为流动性陷阱,此时货币政策对实体经济的刺激效果就会非常有限。

最后,货币政策也存在扭曲市场、造成资源配置低效率的可能。一方面,经济衰退期间企业盈利能力变差,贷款风险上升,此时银行倾向于把新增信贷投向风险相对较低的一些国有企业,但是如果这些企业的生产效率相对较低,那么新增信贷就没有投向生产效率更高的企业,造成信贷资源扭曲。另一方面,利率作为资本市场的定价基准,扩张性货币政策降低利率,特别是量化宽松政策使得央行大量购买有价证券,这些都可能扭曲资产价格,造成风险累积,甚至催生市场泡沫。

因此,综合来看,财政政策和货币政策都需要在经济稳定和效率扭曲之间平衡,政策制定者需要依据具体经济形势有所取舍和侧重。

第二个要讨论的问题是关于总需求政策和总供给政策的选择。之前已经学习过,总需求政策和总供给政策针对的经济波动情形不同。在总供给紧缩时,仅扩张总需求难以解决经济滞胀;在总需求紧缩时,仅扩张总供给也会加剧经济波动。由于现实中总需求的冲击更为常见,并且总需求政策的时滞通常较短,因而总需求政策往往是稳定经济的主要工具。

但是,总需求政策通常只是短期有效,在长期产出仍然由总供给来决定,并且扩张性总需求政策如果在经济恢复正常后没有及时退出,很可能会导致通货膨胀,催生资产泡沫,造成产能过剩等低效率问题。因此,虽然总需求政策短期有效,但政策制定者应当慎重使用。

总供给政策虽然理论上是通过改革、减税、支持研发等政策提升企业的生产能力,激励企业扩大产量,但是也存在一些问题。一方面,总供给政策的时滞通常较长,比如一些领域的渐进式改革,并不会立竿见影地起到作用,可能会经历较长一段时间。这就意味着总供给政策难以有效解决短期波动问题,因此总供给政策往往着眼于长期,在短期内仍然需要总需求政策配合。

另一方面,总供给政策种类繁多,很多政策效果能否长期持续仍有待实践检验。比如,如果仅依靠对企业的减税降费政策,而没有明显变革一些制度环境,那么政策效果很可能就会大打折扣。此外,总供给政策也可能会产生扭曲,比如一些产业政策使得政府成为市场的裁判,反而会扭曲市场,阻碍生产要素的有效配置。当前中国经济的转型调整,面临的困难更多来自内部的供给方面,采取以供给侧结构性改革为主的总供给政策,无疑是正确的选择。但是也应当重视短期波动,依据经济形势变化稳定甚至适度扩张总需求可能也是必要的。而且应当加快推进重点领域的改革,以更快更有效地发挥政策效果,提高市场配置效率。

第三个要讨论的问题是政府债务问题。首先是政府债务的衡量口径问题。政府债务通常用政府杠杆率,也就是政府债务占 GDP 的比重来衡量。但是,这一指标本身可能高估了政府债务的风险,因为增加政府债务的投资可能形成一些可以在未来增加政府收入的资产,有利于未来增加政府收入。

而且未来通货膨胀也有可能会降低政府的实际还债成本。此外,在经济衰退时,产出下降,政府加大支出,政府债务就会提高;而在未来经济繁荣时,产出快速增长,政府杠杆率就会相应下降,因而经济周期因素也会造成政府杠杆率在短期显著上升。

其次是政府债务的经济影响问题。政府债务增加通常是政府为了增加支出,选择通过借债筹资而不是增加税收导致的,因此政府债务的影响实际上就是政府增加支出或者减少潜在税收的影响,即扩张性财政政策的影响。这在前文已经充分讨论过了,扩张性财政政策有助于短期提高经济总需求和总产出,但也可能会造成市场扭曲。

有一种观点认为如果政府债务是因为减税导致的,即政府用债务融资取代税收融资,那么对经济的影响不会变化。这一观点被称为"李嘉图等价",即减税的同时增加了政府债务,对经济的影响等价于不减税。原因在于减税虽然在当下增加了居民税后收入,但是居民会理性预期到政府债务因此而增加了,在未来政府会通过加税来偿还债务,因而自己未来的收入就会降低。为了平滑一生的消费,居民就会把增加的税后收入用于储蓄以在未来缴纳增加的税收,当下就不会增加消费,也就不会扩大产出。这与之前学习的减税有助于刺激居民支出的观点是矛盾的。

李嘉图等价理论遭受到了一些批评。有的观点认为个人不是完全理性的,往往更看重当下的消费,即使未来加税可能降低未来的收入和消费,个人在今天也会提高消费。还有的观点认为个人的生命是有限的,因此也不会考虑长远未来的收入。但也有观点支持李嘉图等价理论。比如罗伯特·巴罗提出,虽然个人的寿命有限,但个人会关心子女的福利水平,会将今天减税的新增收入以遗产的方式转移给子女,以应对未来的加税,因而李嘉图等价理论仍然成立。还有的观点认为,个人的一些消费受到了借贷约束,比如有的年轻人虽然预期未来的收入会很高,但当下的低收入又导致其难以借款,这样就会约束其消费,此时减税就会有助于提高这部分消费。无论李嘉图等价理论是否成立,这一理论至少说明,减税提高了居民和企业的税后收入,但能否由此增加居民消费和企业投资,可能未必如理论预期的那么显著。

政府债务的经济影响除了从财政政策角度去分析,还应当重视其风险的经济影响。如果短期内政府债务显著上升,政府杠杆率明显超过同等收入水平的其他国家,就有可能会诱发国家风险。一方面,政府债务攀升后,政府违约的可能性提高,政府债券就会被抛售,可能会导致金融系统出现风险;另一方面,政府债务负担较重削弱了政府扩张财政调节经济的能力,经济在未来的稳定性就可能会降低。这些因素相互叠加,都可能使居民和企业形成悲观预期,还可能引发资本外逃或者外商直接投资骤降,形成对总需求的负向冲击,引发经济衰退。此外,在部分新兴市场化国家,政府债务攀升有时会导致央行成为政府的印钞机,发行货币直接借债给政府,最终形成恶性通货膨胀,整个国家的经济金融系统崩溃。

政府债务攀升将加大经济风险的观点被所谓的现代货币理论所质疑。这一理论认为只要不会导致高通货膨胀,就无须担心政府债务规模太大,因为政府最终都可以把债务货币化,即由央行发行货币来支付政府债务,这就不会导致系统性风险。这一理论还提出,政府为了提高支出而发债后,央行将会增加货币供给购买政府债券,反而会导致利率下降,因此利率不会提高,从而挤出私人部门。而且在经常账户平衡时,政府的净支出等于私人部门的净收入,政府赤字反而增加了私人部门的净收入。

现代货币理论的观点引来了广泛争议。首先,央行增发货币购买新增政府债券来为政府融资,如果对此不施加约束,随着政府债务的攀升,货币供给也会快速增长,势必导致严重的通货膨胀,形成所谓的铸币税。也就是说,政府不断获得新增的货币,私人部门的货币购买力由于通货膨胀而下降,相当于私人部门实际收入的一部分不断转移给政府。事实上,很多国家由于担心央行直接购买政府债券产生的通货膨胀,直接立法禁止央行向财政透支。比如,中国的《人民银行法》就规定央行不得向政府包销国债,以防止财政赤字货币化。在现代经济体系中,政府已经不再是货币创造的主体,中央银行和商业银行的准备金银行制度才是货币创造的主体。

其次,在经常账户平衡时,虽然政府的净支出($G-T$)的确等于私人部门的净收入($Y-T-C-I$),但私人部门的收入($Y-T$)相对于净收入更加重要。净收入只反映了私人部门对政府的净债权,这看似是净资产,但未来如果发生了通货膨胀或政府违约,这部分债权的实际购买力反而会下降,私人部门将承担损失。而且,私人部门的收入($Y-T$)能否提高,政府支出的确会有影响,这是凯恩斯交叉理论提出的观点,但这并不意味着政府支出就不会有长期的低效率和高风险等负面影响。此外,影响经济长期增长的主要是供给侧的因素,仅靠政府不断增加支出,无法从需求侧持续推动经济增长。

本章小结

1. 总需求与价格水平负相关,背后的经济机制是价格水平下降导致利率下降,刺激了投资,进而扩大了计划支出,即总需求。

2. 总需求政策和总需求冲击也会影响到总需求,使总需求曲线整体移动。

3. 总供给与价格水平正相关,黏性价格理论、黏性工资理论和不完备信息理论提供了背后的经济机制。

4. 总供给政策和总供给冲击也会影响到总供给,使总供给曲线整体移动。

5. 短期均衡是总需求和总供给相等的均衡结果,在决定了产出水平的同时,也决定了失业率和通货膨胀。

6. 总供给变化导致产出和价格反向变动,可能造成滞胀现象。总需求变化导致产出和价格同向变动。

7. 如果经济波动是总供给变化导致的,那么政策制定者就应当采取总供给政策;如果经济波动是总需求变化导致的,那么政策制定者就应当采取总需求政策。

8. 短期内通货膨胀受供给推动、需求拉动和通货膨胀预期三个因素影响。

9. 菲利普斯曲线给出了短期内通货膨胀率和失业率的负向关系,意味着政策制定者影响总需求时面临着通货膨胀和失业的短期权衡。

10. 如果央行能够有效引导市场的通货膨胀预期,那么货币政策降低通货膨胀的牺牲率将会下降。

11. 财政政策和货币政策在稳定经济中各有利弊,政策制定者应综合权衡。

12. 政府债务对经济的影响可以从财政政策的角度去分析,也应当重视其风险的经济影响。

关键术语

总需求政策　总需求冲击　黏性价格理论　黏性工资理论　总供给政策　总供给冲击　滞胀　供给推动型通货膨胀　需求拉动型通货膨胀　通货膨胀和失业的短期权衡　理性预期理论　适应性预期　最后需求者　挤出效应　最后贷款人　李嘉图等价　现代货币理论

思考题

1. 近期中国的经济波动是总需求还是总供给造成的？中国应当采取什么样的宏观政策？
2. 当前中国的通货膨胀或通货紧缩是什么因素导致的？政策应当如何反应？
3. 当前中国债务问题是否严重？会对经济产生什么影响？

专题四：中国经济波动分析逻辑

本专题将本部分的理论逻辑应用于分析中国经济波动和经济周期，具体结构如图 A4 所示。其中，关于外需和贸易政策的内容将在第五部分详细讨论。中国经济波动分析逻辑是经济波动或经济周期受总需求和总供给两方面变化的共同影响。

第一，总需求是需求侧对产品和服务的需求。总需求提高，短期内产出将扩张，通货膨胀率上升；总需求降低，短期内产出将萎缩，通货膨胀率下降。中国的总需求变化可以分为总需求波动和总需求政策两方面的因素。

总需求波动来自消费、投资和外需等三大需求的变化。消费需求受家庭收入增长和债务负担的影响。收入增长放缓、还债负担加大，都会抑制消费需求。消费需求还与消费信心和预期相关。如果消费者信心提高、对未来收入和经济增长的预期偏向乐观，就会加大消费。CPI、税费等消费成本也会影响消费需求。CPI 上涨、消费税率上升，都可能抑制消费需求，但总消费支出可能因此而提高。

投资需求受企业效益、企业产品需求和产业结构转型的影响。企业收入增长、效益提高、市场需求回升，企业就会扩大投资。产业结构转型代表了技术变迁和需求结构变化，这一过程抑制了传统产业的投资，提高了新兴产业的投资，也可能会对投资需求产生影响。企业融资成本、税费和土地价格等因素影响了企业生产成本，这些成本上升，企业也会减少投资。投资需求还与投资者的信心和预期相关。如果企业信心提高、对未来企业盈利前景和经济增长的预期偏向乐观，就会扩大投资。

外部需求受到中国贸易伙伴国经济基本面的影响。贸易伙伴国经济增长稳健，对中国产品的需求就会稳步提高，从而提高外需，但如果发生了经济衰退，对中国产品的需求就可能会骤降，导致外需萎缩。外部需求还受人民

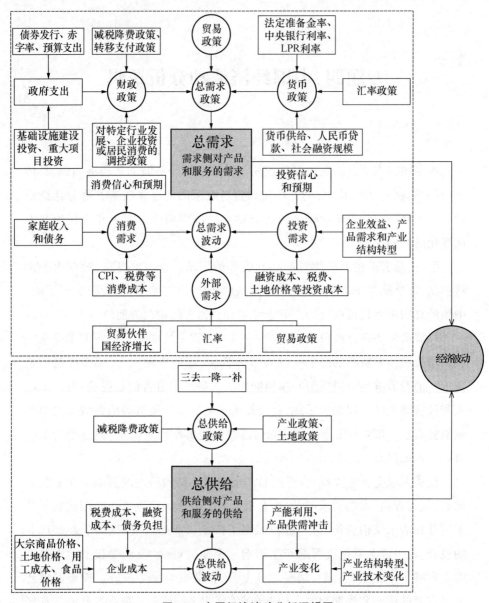

图 A4　中国经济波动分析逻辑图

币汇率的影响,人民币贬值,出口就会上升,进口就会下降,从而扩大外需。贸易伙伴国的贸易政策也会影响外部需求。比如贸易伙伴国对中国出口产品加征关税或者直接限制中国产品出口到该国,就会抑制中国出口。

总需求政策主要来自财政政策、货币政策和贸易政策等的变化。财政政策包括政府支出、政府税费和转移支付、政府对特定产业和特定需求的调控等。政府支出直接影响了对部分行业产品的需求,通常是政府基础设施建设投资和一些重大项目投资,这些政府投资又受到政府财政预算和赤字的影响,与政府债券发行量也密切相关。政府减税降费政策、政府对企业和居民的转移支付,这些政策通过影响企业和居民的收入或成本,进而影响企业投资和居民消费的需求。此外,政府还可以通过审批、土地、税费等产业政策直接影响特定行业的投资和产品需求,也可以通过税费或补贴等政策刺激企业对某一领域的投资或居民对特定产品的消费。

货币政策包括信贷数量、利率和汇率等。货币供给、人民币贷款和社会融资规模等直接影响了投资和消费需求,这些指标虽然也受经济供需的影响,但也可以部分反映央行货币政策对经济支持力度的变化。中央银行利率和法定准备金率的调整传导到贷款市场的LPR等利率,也会改变投资和消费。此外,央行可以通过干预外汇市场调节汇率来影响外需。

贸易政策既包括调整出口退税、关税和外贸业务相关费用等税费政策,也包括对外贸易的直接规制或监管等政策,这些也能够直接影响外需。

第二,总供给是供给侧对产品和服务的供给。总供给提高,短期内产出将扩张,通货膨胀率下降;总供给降低,短期内产出将萎缩,通货膨胀率上升。中国的总供给变化可以分为总供给波动和总供给政策两方面的因素。

总供给波动受企业成本和产业变化两方面的影响。一方面,短期内大宗商品价格、土地价格、用工成本和食品价格上升,或者企业面临的税费成本、融资成本和债务负担上升,企业的生产成本就会随之提高,导致企业削减产量、提高价格。另一方面,特定产业的产能过剩和产品供需冲击、产业结构转型的趋势变化,或者产业技术突破等因素,都会影响到一些产业的兴起和一些产业的衰落,导致供给结构发生变化,可能也会对供给总量产生影响。

总供给政策主要来自减税降费政策、三去一降一补、产业政策和土地政策等的变化。这些政策与供给侧结构性改革密切相关,虽然主要是为了中长期的经济结构调整,但短期内也会产生总量影响。税费政策、产业政策和土地政策既是总需求政策,也能够通过影响企业的生产成本和收入,直接影响企业的供给决策。三去一降一补政策也可以通过多个渠道改善供给结构、提高供给效率,进而直接影响供给总量。

第三,总需求和总供给共同变化,推动形成了中国经济波动与经济周期。虽然当前中国的政策重点在于供给侧结构性改革,但一方面在短期内总供给难以显著变化,政策效果不能即刻见效,另一方面总需求波动可能有时更加剧烈,总需求政策将相机抉择稳定经济,因此,需求侧同样是理解中国经济短期波动的重要维度。

常用网站和数据资料四

中共中央政治局会议和国务院常务会议

中共中央政治局会议由总书记召集并主持,会议主题不定,但每隔一段时间都会聚焦于经济工作,专门研究当前经济形势,并部署下一阶段经济工作任务。国务院常务会议由总理召集并主持,一般每周召开一次,会议主题均或多或少与经济工作相关。通过中共中央政治局会议和国务院常务会议,可以解读中央对当前经济形势的判断,以及短期经济政策的变化。

中央经济工作会议和两会《政府工作报告》

每年的12月月中,中央中央和国务院将召开中央经济工作会议,总结当年的经济工作,并研判国内外宏观经济形势,为下一年的宏观经济制定发展目标和任务。这一会议是每年级别最高的经济工作会议,为下一年宏观经济政策定下基调。每年的3月月初,中华人民共和国全国人民代表大会和中国人民政治协商会议将会召开,简称两会。两会上,总理将会向人大和政协代表作《政府工作报告》,总结上一年政府工作和基本经济指标完成情况,并制定当年经济发展具体目标、政府主要任务和政策措施。通过中央经济工作会议和两会《政府工作报告》,可以了解每一年宏观经济的主要目标和政策重点。

第五部分

开放宏观经济

第 17 章 国际收支、国际贸易与汇率

【学习目标】

掌握国际收支、国际贸易与汇率的相关指标及汇率的均衡分析,了解中国国际收支、对外贸易与汇率数据的经济含义及其分项特征。

【知识要求】

1. 牢固掌握国际收支和国际贸易的相关指标及中国数据
2. 牢固掌握汇率的均衡分析
3. 一般掌握实际汇率和有效汇率的含义

【内容安排】

一、国际收支

二、国际贸易

三、汇率

一、国际收支

之前学习过国民收入核算恒等式,即

$$Y(\text{GDP}) = C(居民消费) + I(企业投资) + G(政府支出) + NX(净出口)$$

其中,净出口是出口的产品和服务与进口的产品和服务之差。净出口有时也被称为经常账户,用 CA 来表示,于是也可以把国民收入核算恒等式写作

$$Y = C + I + G + CA$$

一个国家的出口大于进口,称为经常账户盈余,或者贸易顺差。如果一

个国家发生经常账户盈余,其出口收入大于进口支出,那么贸易伙伴国必须通过借款来支付这笔超出的盈余。这就意味着这个国家为其他国家提供了资金,或者说其他国家打下了欠条,暂时享受这个国家的产品和服务,未来再偿还。这也相当于这个国家对外进行了净投资,获得了净财富。反之,如果一个国家出现经常账户赤字,其进口支出大于出口收入,这个国家就必须向其他国家借款,以支付多出来的进口支出。这就相当于这个国家有了净外债,或者说对外净投资为负数。对外净投资通常用 CF 来表示,与经常账户和净出口都是相等的,即

$$CF = NX = CA$$

比如,中国出口手机获得 1 000 万美元的收入。如果中国再从国外购买 1 000 万美元的产品和服务,那么就没有贸易顺差。假设这 1 000 万美元是中国通过国际贸易获得的净收入,即贸易顺差和经常账户盈余 1 000 万美元,那么这 1 000 万美元相当于贸易伙伴国打下的欠条,以后中国可以拿着这 1 000 万美元在国际市场上购买产品和服务。但在这段时间里,中国会用这 1 000 万美元购买国外资产:可能是存入银行,以储蓄资产形式持有;也可能是购买国外债券或股票,以有价证券资产形式持有;还可能投资于黄金、房产等其他形式的资产;甚至就持有 1 000 万美元或者等价欧元、日元的现金,这也算是以现金资产形式持有。总之,无论什么形式的资产,这 1 000 万美元都相当于中国的对外净投资,都增加了中国的净财富。

再比如,美国从 20 世纪 80 年代起经常账户出现大幅赤字,之后持续扩大,这意味着美国是净外债国家,相当于向其他国家借款来支付相对出口更多的进口。

当然,严格说来,经常账户和贸易余额并不相等,二者之间的差别是净收入转移支付,包括对外劳动力、金融资源或自然资源的净回报。比如,持有国外债券的收益或为外债支付的利息等。

净出口和对外净投资的关系还可以借助储蓄和投资的关系来理解。之前已经学到

$$储蓄 = 国内投资 + 净出口$$

由此可以得到

$$储蓄 = 国内投资 + 对外净投资$$

第一个等式说明储蓄也就是没有被消费的产品和服务要么被国内投资,要么

通过净出口给国外用于消费或投资,第二个等式说明储蓄要么用于国内投资,要么投资到国外。因此,一国的净出口与对外净投资是相等的。

第二个等式还意味着如果一个国家的储蓄不变,而要提高国内投资,就必须降低对外净投资,或者说通过向国外借款来增加国内投资。比如,一个低收入国家储蓄很少,没有资金新建一个工厂。这个国家可以向其他国家借款,利用借款进口新建工厂所需要的机器设备。在此过程中,这个国家是一个贸易赤字国家,当然也是一个净外债国家。事实上,这是很多新兴市场化国家的典型特征,这些国家利用外债进行投资,积累资本,实现了经济的快速增长。但是,一旦经济发生危机,国外资金就会快速撤离,冲击到该国的经济和金融系统。下文还会对此进行深入讨论。

国际收支账户是记录一个国家的经常账户和净投资状况的重要数据,统计了一国对外国的支付和从外国获得的收入。通常导致对外国支付的交易记入国际收支账户的借方,导致从国外获得收入的交易记入国际收支账户的贷方。

主要有两大类国际交易会被计入国际收支账户。第一类是经常账户,除了货物和服务进出口贸易,还包括单边转移支付。第二类是资本和金融账户。其中,金融账户记录所有金融资产的国际交易,包括非储备性质的直接投资、证券投资、金融衍生工具等,以及储备性质的黄金和外汇储备、在国际货币基金组织的储备头寸等。资本账户记录其他导致资产在国家之间转移的非生产、非金融性质的交易,这些交易通常是由非市场活动带来的,比如对其他国家政府的债务减免。资本账户变动的金额通常较小。

由于所有上述交易都会在国际收支账户上产生借方与贷方相互抵消的记录,因而经常账户与资本和金融账户应当是相等的,即

$$经常账户+资本账户+金融账户=0$$

经常账户与资本和金融账户的统计方式有所不同,特别是金融业务比较复杂,准确记录国家之间的交易难度较大,因而实际数据中二者并不相等。比如,货物进出口导致经常账户变动,数据主要来自海关贸易数据,而对应交易设计的金融账户很可能来自银行间跨境转账,二者之间在特定时期内就难以达到平衡。因此实际数据中,把经常账户与资本和金融账户的差别记录到净误差与遗漏一项,即

$$经常账户+资本账户+金融账户+净误差与遗漏=0$$

对应于理论上的净出口等于对外净投资,在数据中如果把经常账户粗略认为是净出口,那么资本和金融账户加上净误差与遗漏就可以粗略认为是对外净投资,二者应相等。

表 17-1 给出了 2018 年中国国际收支平衡表。可以看到,2018 年中国货物和服务贸易顺差 1 030 亿美元,其中货物顺差 3 952 亿美元,服务逆差 2 922 亿美元。净收入转移支付为负数,结果导致经常账户相对货币和服务贸易顺

表 17-1 2018 年中国国际收支平衡表

(单位:亿美元)

项目		项目	
1. 经常账户	255	2. 资本和金融账户	1 532
贷方	29 257	2.1 资本账户	-6
借方	-29 002	贷方	3
1. A 货物和服务	1 030	借方	-9
贷方	26 510	2.2 金融账户	1 538
借方	-25 480	资产	-3 620
1. A.a 货物	3 952	负债	5 158
贷方	24 174	2.2.1 非储备性质的金融账户	1 727
借方	-20 223	资产	-3 432
1. A.b 服务	-2 922	负债	5 158
贷方	2 336	2.2.1.1 直接投资	923
借方	-5 257	2.2.1.2 证券投资	1 069
1.B 初次收入	-751	2.2.1.3 金融衍生工具	-62
贷方	2 469	2.2.1.4 其他投资	-204
借方	-3 220	2.2.2 储备资产	-189
1.C 二次收入	-24	2.2.2.1 货币黄金	0
贷方	278	2.2.2.2 特别提款权	0
借方	-302	2.2.2.3 在国际货币基金组织的储备头寸	-7
		2.2.2.4 外汇储备	-182
		2.2.2.5 其他储备资产	0
		3. 净误差与遗漏	-1 787

数据来源:中国国家外汇管理局。
注:由于数据进行了四舍五入处理,分项指标之和与总指标可能并不相等。

差有所收窄,为255亿美元。2018年中国资本和金融账户变动1532亿美元,说明中国对外净负债增加了1532亿美元。其中,非储备性质的金融账户净负债增加了1727亿美元是主要因素。储备资产中外汇储备增加了189亿美元,但与非储备性质的金融账户净负债额相比较小。资本和金融账户与经常账户并不相等。但是,资本和金融账户加上净误差与遗漏项之和为-255亿美元,如果把净误差与遗漏项粗略看作由金融账户变动导致的,那么这-255亿美元就可以看作中国对外净投资为255亿美元,正好等于经常账户变动额。

图17-1给出了中国经常账户变动的季度数据和年度数据。2000年开始,中国经常账户顺差持续扩大,在2008年达到顶峰,超过4000亿美元。但之后有所波动,最近几年经常账户顺差显著下降,2018年已经低于500亿美元,部分季度甚至转为逆差。

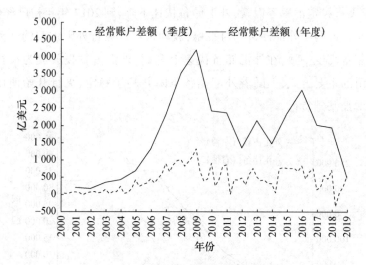

图17-1 中国经常账户变动情况
数据来源:中国国家外汇管理局。

金融账户中的储备资产是指中央银行持有的外国资产的变动,这是中央银行进行外汇干预的工具之一。其中,外汇储备是当前中央银行储备资产的主要形式。中国依靠经常账户顺差和外商直接投资积累了大量外汇储备。比如,中国出口企业出售产品到国外,获得美元,也就是外汇收入,企业向商业银行结汇,把美元换为人民币,在国内用于支付工资和分红、偿还贷款、扩大投资等日常交易活动。商业银行向中央银行结汇,把美元外汇换为人民币,这一过程使得中央银行增加了人民币货币供给,形成外汇占款。与此同时,中央银行获得了美元,中央银行将美元转化为国外债券、黄金等资产,也就形成了外汇储备。同样地,外国企业来中国进行投资,需要把美元向商业银行结汇,换为人民币后使用人民币在中国国内完成投资交易,商业银行也会向中央银行结汇,因此类似地,这一过程同样也会增加中央银行的外汇储备。当然,外汇储备变动计入国际收支平衡表的金融账户中,实际上也可以看作中央银行的对外净投资。

图 17-2 给出了中国央行外汇储备和外汇占款的变化情况。可以看到,2000 年以来,伴随着中国经常账户持续顺差和外商直接投资快速增长,中国外汇储备从 2000 年年初的 1 500 亿美元左右增长到 2014 年年中的近 4 万亿美元顶峰。但之后由于货物贸易顺差收窄,服务贸易逆差扩大,部分资金流出,以及央行稳定汇率等因素,外汇储备快速下降,到 2017 年年初已经低于 3 万亿美元。近两年外汇储备相对平稳,波动很小。央行外汇占款的变动趋势与外汇储备高度一致,在外汇储备快速上升期,外汇占款投放成为央行增加基础货币的主要方式,但随着外汇储备下降并趋于稳定,央行开始使用其他工具来增加基础货币。

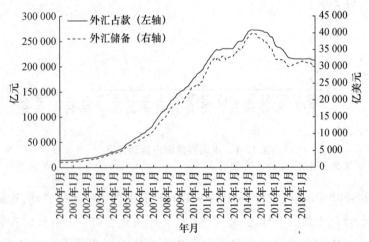

图 17-2 中国央行外汇储备和外汇占款
数据来源:中国人民银行,中国国家外汇管理局。

由于国际收支平衡表中净误差与遗漏项通常是金融账户统计误差导致的,因而短期内这一项如果大幅波动,通常认为这反映了没有被纳入统计的国际热钱的跨境流动。此外,热钱流动还可以用外汇储备的异常变化来衡量。所谓异常变化就是把货物和服务贸易差额与外商直接投资差额加总,这是使外汇储备变动的主要因素,外汇储备变化与此的差别就是异常变化,短期内如果大幅波动,就反映了热钱流动。当然,这些计算是只具有参考意义的近似估计。

除了中国国家外汇管理局每季度公布国际收支平衡表中包含的服务贸易和直接投资数据,中国商务部每月还会公布服务贸易、外商直接投资和对外直接投资的数据,国家外汇管理局每季度还会公布中国国际投资净头寸、外债等数据,这些都是了解中国国际收支和对外经济的重要数据。

二、国际贸易

可以把储蓄、投资和净出口的关系进一步写为

$$净出口 = 储蓄 - 国内投资$$

这个等式意味着一国的贸易差额也就是经常账户余额不仅取决于贸易政策和汇率,而且更本质的是由国内生产和支出的内部失衡导致的。一国经常账户逆差是由储蓄小于投资导致的,或者说,消费支出或投资支出过多,超过国内产出,比如美国。一国经常账户顺差是由储蓄大于投资导致的,或者说,消费支出或投资支出过少,低于国内产出,比如中国、日本和德国。因此,储蓄、投资和净出口都是相互影响、共同被决定的,不可能单方面改变净出口而不改变储蓄或投资。之后将介绍一个理论模型,把这些变量纳入同一个分析框架中。

中国进出口贸易数据通常包括海关货物进出口、国际收支账户中的货物和服务进出口、GDP支出法中的货物和服务贸易净出口三类。其中,第一个数据是月度数据,由海关总署发布;第二个数据是季度数据,由国家外汇管理局发布;第三个数据是年度数据,由国家统计局发布。

这三个数据口径并不一致,因而有时会存在出入。首先,海关货物进出口数据只包含货物贸易,而国际收支账户中的货物和服务进出口、GDP支出

法中的货物和服务贸易净出口的口径一致,既包括货物贸易,也包括服务贸易。其次,海关进口为到岸价格,包括运费和保费,国际收支账户将运费和保费从货物贸易中扣除,计入服务贸易。再次,国际收支账户只记录所有权发生了转移的货物(如一般贸易、进料加工贸易等贸易方式的货物),所有权未发生转移的货物(如来料加工或出料加工贸易)不纳入贸易,而计入服务贸易。最后,国际收支账户还补充了部分进出口退运、海关未统计的转手买卖下的货物净出口数据。

图 17-3 给出了中国货物出口总额和进口总额。可以看到,在 2001 年加入世界贸易组织前,中国货物贸易增长相对平缓,但之后不断加快。2007 年中国出口总额突破 1 万亿美元,2012 年突破 2 万亿美元。当前中国已经成为世界第一大出口国、第二大进口国。从 20 世纪 90 年代中期起,中国货物贸易维持了长期顺差,2005 年起顺差超过 1 000 亿美元,2015 年和 2016 年超过 5 000 亿美元,近两年顺差开始收窄。

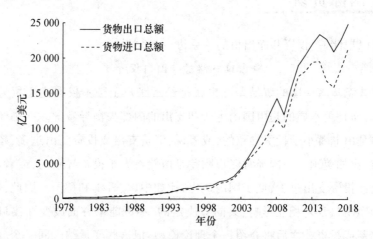

图 17-3　中国货物出口总额和进口总额

数据来源:中国国家统计局。

货物进出口数据并不包括服务贸易。服务贸易包括旅行、运输、知识产权使用、金融、保险、信息服务和商业服务等。图 17-4 给出了中国服务出口总额和进口总额。可以看到,在 2009 年之前,中国服务贸易基本是平衡的,并且贸易额也并不高,2006 年起出口总额和进口总额才超过 1 000 亿美元。但是,从 2009 年开始,中国服务贸易进口快速增长,贸易逆差持续扩大,2014

年起逆差额一直高于 2 000 亿美元。其中,旅行服务的逆差是服务贸易逆差的最主要来源,其次是运输和知识产权使用费。

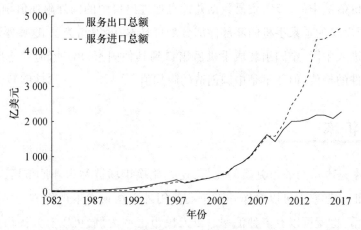

图 17-4　中国服务出口总额和进口总额
数据来源:商务部。

在分析国际贸易数据时,需要特别注意以下三点。第一,一国通过国际贸易发挥了比较优势,提升了生产要素的配置效率和生产率,无论贸易是顺差还是逆差,都会从中获益。也就是说,贸易顺差国与贸易逆差国的贸易会使两国都受益,而不是以损害一个国家的利益为代价而使另一个国家获益。

第二,一国贸易顺差或逆差背后反映了与贸易伙伴国的借贷关系,贸易顺差国借款给贸易逆差国,供其进口更多的产品和服务。一国贸易顺差实际上反映了储蓄高于投资,也就是说,一国生产的产品和服务超过本国当年的消费和投资需求,超出的产品和服务以出口的形式供外国消费或投资。外国为此支付了美元,实际上相当于一种借条,一国以后凭借美元可以在国际市场上购买产品或进行投资。在此过程中,一国的对外财富有所积累。而与之进行贸易的逆差国家消费或投资了超过本国生产的产品和服务,也能从中获益。

第三,在投资和生产高度全球化的背景下,一国的贸易顺差或逆差就不仅仅是这个国家企业的顺差或逆差了。一方面,投资全球化使得一国出口企业中的很大比例可能是跨国企业或外资企业。比如,美国通用汽车公司在中国生产的汽车出口到美国市场,这部分出口数据并不完全是中国企业的出口。当然,这也意味着一国的外资企业在国内生产和销售,这部分交易不会在该国的国际贸易数据中反映。另一方面,生产全球化导致一国只是全球产业链和价值链中的一环,贸易数据并没有把进出口中的国外附加值剔除。比如,中国出口的苹果手机的零部件部分来自日本、韩国和美国,这些零部件通过进口进入中国,中国组装成手机后出口到其他国家,出口价值中包含了这些零部件的价值,但并不是中国创造的附加值。

三、汇率

汇率是本币与外币兑换的比例,这一兑换市场被称为外汇市场,外币被称为外汇。汇率也可以看作外汇市场使用外币衡量的本币价值。本币兑换不同外币,也就可以有多种汇率。以人民币汇率为例,可以有人民币兑美元汇率,也可以有人民币兑欧元汇率、人民币兑日元汇率等。但是,由于美元是国际支付中最主要的货币,因此人民币兑美元汇率通常更被关注。

本币兑某一外币的汇率可以有两种方法表示。一种方法是直接标价法,即 1 单位外币兑换多少本币;另一种是间接标价法,即 1 单位本币兑换多少外币。比如人民币兑美元汇率,既可以用 1 美元兑换 8 元人民币衡量,也可以用 1 元人民币兑换 0.125 美元衡量。对于人民币汇率来说,最常用的方法是直接标价法。

如果使用外币衡量的本币价值上升,那么称为汇率升值;如果使用外币衡量的本币价值下降,那么称为汇率贬值。无论使用直接标价法还是间接标价法,汇率升值的含义都是本币价值上升。以人民币兑美元升值为例,既可以说是 1 美元兑换了更少的人民币,也可以说是 1 元人民币兑换了更多的美元。这就类似于用货币衡量苹果价格,苹果价格上升,既可以说是 1 公斤苹果卖更多元,也可以说是 1 元买更少的苹果。

理解汇率决定的基本逻辑是汇率作为外汇市场的本币价格,由本币的供给和需求决定。在其他因素不变的前提下,汇率越高,本币持有者越倾向于抛售本币,导致外汇市场本币供给提高,因此本币供给和汇率正相关;汇率越低,市场参与者越倾向于买入本币,导致外汇市场本币需求提高,因此本币需求和汇率负相关。当外汇市场本币需求和供给相等时,市场达到均衡,此时也就决定了均衡汇率。

如果本币供给大于本币需求,那么作为本币价格的汇率就会贬值,导致本币供给下降,本币需求上升,外汇市场重新回到均衡。反之,如果本币供给小于本币需求,那么作为本币价格的汇率就会升值,导致本币供给上升,本币需求下降,外汇市场重新回到均衡。

图 17-5 画出了外汇市场本币的供求和均衡。可以看到,外汇市场本币汇率和本币供给正相关,和本币需求负相关。供给曲线和需求曲线的交点决定了均衡汇率,此时本币供给和需求相等。

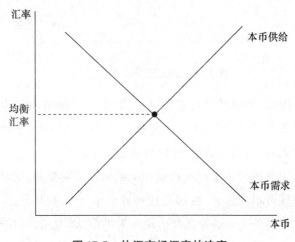

图 17-5　外汇市场汇率的决定

基于这一逻辑框架,如果一些因素导致外汇市场本币供给或本币需求变化,那么本币供给或本币需求曲线就会移动,从而汇率发生波动。如图 17-6 所示,如果本币供给上升,本币供给曲线就会右移,那么本币汇率就会贬值。反之,如果本币供给下降,本币汇率就会升值。如果本币需求上升,本币需求曲线就会右移,那么本币汇率就会升值。反之,如果本币需求下降,本币汇率就会贬值。由于国家外汇管理局每月公布的银行结售汇数据能够部分反映外汇市场对人民币和外汇的需求变化,因而是重要的人民币汇率分析数据。

影响一国汇率的根本因素是本国经济的基本面,包括经济增长和经常账户等。如果一国能够保持快速稳定的经济增长,那么投资回报率就会相对较高,从而吸引大量国际资本流入。为此,国外投资者需要把外币换成本币到该国投资,于是外汇市场本币需求就会提高,导致汇率升值。反之,如果一国

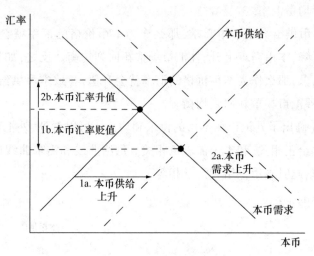

图 17-6 外汇市场汇率的变化

经济增长前景黯淡,甚至经济可能长期停滞,那么国际资本就会流出。国外投资者就会把该国资产抛售,把本币兑换为外币撤离该国,于是外汇市场本币供给就会提高,本币需求就会下降,导致汇率贬值。

如果一个国家的经常账户或资本和金融账户长期盈余,则可能是持续的对外贸易顺差或资本净流入,这都会提高外汇市场本币需求,进而促使汇率升值。因为此时国外企业需要把外币兑换为本币,以购买该国的出口产品或对该国进行投资。反之,如果一个国家的经常账户或资本和金融账户长期赤字,外汇市场本币需求就会下降,从而促使汇率贬值。

在短期内,资本跨境流动、汇率预期和央行政策等因素快速变化,都可能影响汇率波动。资本跨境流动是影响短期汇率的一个重要因素。比如,如果一个国家短期内风险上升或经济明显下行,投资者就会抛售本国资产,把本币兑换为外币撤离,那么汇率就会贬值。

汇率预期是影响短期汇率的又一个重要因素。如果市场预期本币汇率将升值,那么外汇市场参与者就会提前持有本币,以期望获得本币价格上升后的增值收益。这就会导致外汇市场本币需求在当下就会提高,从而导致汇率升值,预期实现。如果市场预期本币汇率将贬值,那么外汇市场参与者就会选择在贬值前尽快抛售本币,避免本币价格下降后遭受损失。这就会导致外汇市场本币供给在当下就会提高,从而导致汇率贬值,预期实现。

在现实的外汇市场中,如果同时存在预期汇率贬值和预期汇率升值的市场参与者,预期因素对汇率波动的影响就很小。但是,一些因素可能导致市场形成一致性预期,此时预期因素就会在很大程度上冲击到汇率。比如,短期内一国的国家风险显著上升,这可能是由于金融系统变得更加脆弱或者国内外政治环境突然变化等因素导致的,外汇市场参与者就会预期国外资本将大幅流出该国,汇率将会贬值。如果多数市场参与者都形成了贬值预期,抛售本币,就会造成汇率贬值。

央行政策是影响短期汇率的第三个重要因素,包括央行货币政策和央行对外汇市场的干预。如果央行货币政策导致本国利率上升,由于本国利率是投资的回报率,国际资本就会流入本国,提高对本币的需求,从而促使本币升值。反之,如果央行货币政策导致本国利率下降,那么本币就会贬值。

央行还可以直接对外汇市场进行干预。由于央行以外汇储备的形式持有一定的国外资产,则如果央行试图促使汇率升值,就可以抛售外汇储备,在外汇市场上买入本币,导致本币需求上升。反之,如果央行试图促使汇率贬值,就可以在外汇市场上减少本币买入,导致本币需求下降。

比如,一个国家短期内面临大量外资撤离,汇率就会贬值。央行为了维持汇率稳定,就可以选择在外汇市场上抛售外汇储备并买入本币,从而提高本币需求,维持汇率稳定。因此,当央行试图稳定汇率,避免快速贬值时,外汇储备就会随之降低。这也意味着如果市场预期央行没有足够的外汇储备稳定汇率,或者预期央行不会一直耗用外汇储备稳定汇率,那么贬值预期很可能就会形成。投资者在外汇市场上大量抛售本币,就会加速央行外汇储备耗尽,很可能贬值预期就会实现。

再比如,中国经常账户长期盈余,人民币汇率就会面临升值压力。央行为了稳定人民币汇率,就要增加相应的人民币给出口企业,这些人民币就是外汇占款。央行从出口企业换回了外汇收入,即为外汇储备。这一过程相当于外汇市场人民币需求提高后,央行相应增加了人民币供给,以稳定人民币汇率。

对于人民币兑美元汇率而言,除了以上因素,美元指数本身也是重要的影响因素。美元指数是综合美元兑其他国家货币的汇率的一个指标。如果美国经济基本面向好,或者美联储加息,或者市场预期美国资产价格将会上升,那么投资者就会加大对美国的投资,从而提高对美元的需求,美元指数就会上升,人民币兑美元汇率就会面临贬值压力。反之,如果美国经济增长出现了停滞,或者美联储采取了宽松的货币政策,那么投资者就会减少对美国的投资,美元指数就会下降,人民币兑美元汇率就会面临升值压力。当然,美国经济基本面或美联储货币政策的状况都是相对其他主要经济体而言的。比如,美国经济增长没有变化而其他经济体经济增速均出现下行,或者美联储虽然降息,但其他经济体降息幅度更大,那么也会导致美元指数上升。

汇率可以分为名义汇率和实际汇率。名义汇率是使用两国货币名义值衡量的汇率,按照名义汇率兑换后的两国货币的购买力比率为实际汇率。实际汇率考虑了两国货币的购买力差异,衡量了真实的交易比例。

实际汇率和名义汇率的关系可以写为

$$实际汇率 = 名义汇率 \times 国内价格水平 \div 国外价格水平$$

以人民币兑美元为例推导上述公式。假定人民币的名义汇率是1元人民币兑换 e 美元,国内和国外价格水平分别是 P 和 P^*。1元人民币在国内的购买力为 $1/P$,e 美元在国外的购买力为 e/P^*。于是,1元人民币兑换 e 美元的背后实际上是 $1/P$ 的购买力兑换 e/P^* 的购买力,或者说1单位国内购买力兑换 eP/P^* 单位国外购买力,eP/P^* 即为实际汇率。

举例来说,小明持有100万元人民币,在外汇市场交易换取了20万美元,名义汇率就是1元人民币兑换0.2美元。但是,100万元人民币在中国的购买力与20万美元在美国的购买力并不相同。假定中国的价格水平是1,比如一篮子代表性商品的价格是1万元,100万元人民币在中国的购买力就是100个篮子;美国的价格水平是2,比如同一篮子商品的价格是2万美元,20万美元在美国的购买力就是10个篮子。此时,用100万元与20万美元交换,相当于用100个中国篮子的购买力与10个美国篮子的购买力进行交换,实际汇率就是1个中国篮子的购买力兑换0.1个美国篮子的购买力,也就是 $0.1 = 0.2 \times 1 \div 2$。

在计算实际汇率时,通常可以用两个国家的 CPI 或 GDP 平减指数作为价格水平的度量。但是,由于国家之间的消费结构和生产结构可能存在显著差异,CPI 与 GDP 平减指数中产品和服务的种类及权重在国家之间并不完全可比。为此,世界银行和 IMF 等机构使用了同一篮子的产品和服务来衡量不同国家的价格水平,以此计算实际汇率。用这种实际汇率转换国家之间的GDP,能够较为准确地比较国家之间收入购买力的差距,有时也被称为购买力平价计算的GDP。

实际汇率和名义汇率的关系还可以进一步写为

名义汇率变化率 = (1 + 实际汇率变化率) × (1 + 国外价格变化率) ÷ (1 + 国内价格变化率) − 1

≈ 实际汇率变化率 + 国外通货膨胀率 − 国内通货膨胀率

这一公式意味着在实际汇率不变的情况下,国内通货膨胀率上升,会造成名义汇率贬值。这是因为,国内通货膨胀率上升,本币在国内的购买力就会下降,外汇市场对本币的需求也就会随之降低,市场参与者抛售本币也会造成本币供给上升,这些因素都会导致本币汇率贬值。事实上,如果汇率贬值,进口品的价格就会提高,由于部分进口品用于生产中的投资品或中间品,更高的进口品价格就会传导到最终产品上,导致通货膨胀率上升。而通货膨胀率上升又会进一步造成汇率贬值,因此现实中通货膨胀率上升和汇率贬值可能会相互加强。

现实中双边汇率走向会出现分歧,比如人民币兑美元汇率升值的同时,人民币兑欧元的汇率可能会贬值。为了反映本币汇率的整体走向,需要给每一个双边汇率赋予权重,权重通常使用双边贸易额。本国与某一贸易伙伴国的双边贸易额越大,与该贸易伙伴国的双边汇率的权重也就越高。把双边汇率加权平均后得到的汇率就是有效汇率。比如,美元指数就是美元有效汇率的一个常用指标。有效汇率也可以分为名义有效汇率和实际有效汇率。

较常使用的人民币有效汇率指数包括国际清算银行(Bank for International Settlements, BIS)公布的人民币有效汇率指数,以及中国外汇交易中心公布的 CFETS 人民币汇率指数和参考 BIS 货币篮子或 SDR 货币篮子计算的人民币汇率指数。其中,CFETS 人民币汇率指数参考 CFETS 货币篮子,具体包括中国外汇交易中心挂牌的人民币对各外汇交易币种,样本货币权重采用考虑转口贸易因素的贸易权重法计算而得。指数基期是 2014 年 12 月 31 日,基期指数是 100 点。

图 17-7 对比了人民币兑美元即期汇率和 CFESTS 人民币汇率指数。其

中,人民币兑美元即期汇率也以 2014 年 12 月 31 日为基期做了调整。可以看到,虽然二者的波动趋势大致相同,但涨幅却不尽相同。比如,2017 年人民币兑美元汇率显著升值,但同期 CFETS 人民币汇率指数升幅温和,说明人民币兑欧元等其他主要货币可能出现了贬值。

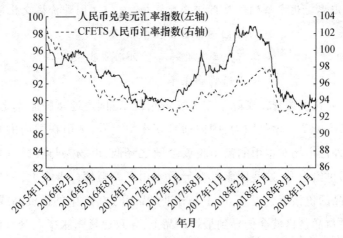

图 17-7 人民币兑美元汇率与 CFETS 人民币汇率指数
数据来源:中国货币网。

本章小结

1. 经常账户是一国货物贸易和服务贸易的净出口,与对外净投资相等。

2. 国际收支账户中经常账户与资本和金融账户应当是相等的。

3. 一国经常账户失衡不仅取决于贸易政策和汇率,而且更本质地是由国内生产和支出的内部失衡导致的。

4. 中国进出口贸易数据通常包括海关货物进出口、国际收支账户中的货物和服务进出口、GDP 支出法中的货物和服务贸易净出口三类。

5. 国际贸易数据只是衡量国际经济活动的一个指标,逆差或顺差并不能反映一国是否受损或受益。

6. 汇率衡量了外汇市场用外币衡量的本币价格,汇率贬值和升值意味着外汇市场本币价格的下降和上升。

7. 汇率是外汇市场本币的供给和需求相等的均衡结果,跨境资本流动、预期或央行干预等因素均会通过影响外汇市场本币供求来影响汇率。

8. 实际汇率考虑了两国货币的购买力差异,在实际汇率不变的情况下,国内通货膨胀率上升,将造成名义汇率贬值。

关键术语

经常账户　资本账户　金融账户　对外净投资　外汇储备　热钱　服务贸易　外汇市场均衡　实际汇率

思考题

1. 把本章所有的数据图更新到最新年度、季度或者月度。
2. 总结今年以来中国国际收支和对外贸易的变化趋势,从分项数据分析是哪些因素导致了这些数据的变化。
3. 总结今年以来中国外汇储备和各类汇率的变化趋势,分析是哪些因素导致了外汇储备和汇率的变化。

第 18 章 均衡与政策

【学习目标】

掌握开放宏观经济的短期均衡分析,了解政策对开放宏观经济体的影响。

【知识要求】

1. 牢固掌握开放宏观经济中总需求-总供给框架的经济机制
2. 牢固掌握开放宏观经济政策的影响机制
3. 一般掌握不可能三角形的理论

【内容安排】

一、均衡
二、政策

一、均衡

可以使用总需求-总供给框架来分析开放宏观经济的均衡产出的决定。与封闭经济相比,开放宏观经济的总供给方面的经济机制没有变化。黏性价格、黏性工资、不完备信息等因素使得短期总供给与价格水平正相关,这一关系由向右上方倾斜的总供给曲线给出。

重点关注总需求方面的变化。在产品市场,均衡条件仍为凯恩斯交叉理论给出的实际产出与计划支出相等,但是此时计划支出除了居民消费、企业投资和政府支出,还包括净出口。也就是说,除了国内对本国产品和服务的

计划支出,还有国外对本国产品和服务的计划支出。于是,产品市场均衡为

实际产出 = 计划支出 = 消费 + 投资 + 政府支出 + 净出口

如果出口提高,对本国产品的国外需求上升,那么净出口和计划支出就会提高,造成企业库存下降,企业扩大生产补库存,从而导致均衡产出上升。图18-1给出了凯恩斯交叉图中净出口增加的影响。可以看到,净出口增加后计划支出曲线上移,与实际产出曲线的交点确定的均衡产出增加。反之,如果净出口降低,那么产品市场的均衡产出将会下降。

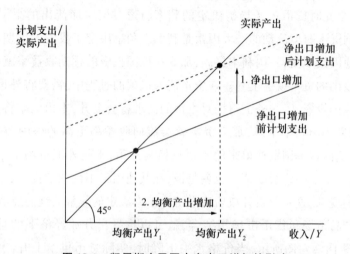

图18-1 凯恩斯交叉图中净出口增加的影响

需要指出的是,图18-1中分析的净出口增加是由出口增加导致的。如果净出口增加是出口和进口同时下降但进口下降更快导致的,那么虽然净出口增加会提高计划支出,但消费和投资中包含了进口,进口下降会同时造成消费和投资下降,反而会使计划支出曲线下移。

影响净出口的一个主要因素是汇率。一国汇率贬值,以外币衡量的出口产品价格将变得更低,以本币衡量的进口产品价格将变得更高,于是出口上升,进口下降,导致净出口提高。反之,一国汇率升值,净出口将会降低。比如,中国出口企业给一款手机的定价是4 200元,按照1美元兑换6元人民币的汇率计算,这款手机在国外的售价是700美元。但如果人民币汇率贬值,变为1美元兑换7元人民币,这款手机在国外的售价就会下降到600美元,于是国外市场对这款手机的需求将会增加,中国出口就会上升。再比如,中国游客计划出国旅行一次,预计各项费用支出达1万美元,按照1美元兑换7

元人民币的汇率计算,该出国旅行将支出 7 万元人民币,但如果汇率升值到 1 美元兑换 6 元人民币,该出国旅行支出将降至 6 万元人民币,于是出国旅行的需求就会上升,中国服务贸易中旅行一项的进口就会提高。

结合图 18-1 可知,如果一国汇率贬值,就会导致净出口增加,进而提高产品市场的计划支出和均衡产出。反之,如果一国汇率升值,就会导致净出口减少,降低均衡产出。

在货币市场,均衡条件仍为流动性偏好理论给出的货币供给与货币需求相等,但是此时货币市场均衡决定的利率将通过资本净流出的渠道影响汇率。影响资本跨境流动的一大因素是利率。利率决定了投资的预期收益率。如果其他因素不变,一国利率提高,那么在该国投资的预期收益率就会上升,净流入该国的资本就会上升。在资本流入该国的过程中,需要将外币兑换为本币在该国投资,于是外汇市场对本币的需求将会上升,本币汇率将会升值。反之,如果一国利率下降,那么资本就会流向收益率更高的外国,在此过程中,需要把抛售本国资产得来的本币兑换为外币,于是外汇市场本币供给将会上升,本币汇率将会贬值。也就是说,在其他因素不变的前提下,汇率将和利率同向变动,这是分析开放宏观经济中汇率决定的非常关键的经济机制。

把产品市场和货币市场相结合,就可以推导出开放经济下的总需求曲线。如图 18-2 左图所示,当价格水平下降时,实际货币供给上升,利率就会下降,导致资本净流出,汇率出现贬值。如图 18-2 右图所示,利率下降提高了投资需求,汇率贬值提高了出口需求,这都会提高计划支出,最终提高均衡的总需求水平。因此,价格水平和总需求负相关,总需求曲线仍然是向右下方

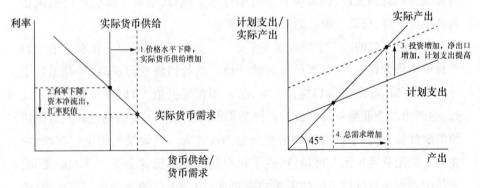

图 18-2　总需求曲线的推导

倾斜的,这与封闭经济的情形完全相同。也就是说,总需求-总供给的分析框架同样适用于分析开放宏观经济中的价格水平和产出水平。但是,总需求曲线背后的经济机制除了价格水平上升导致利率下降、投资需求提高,还会导致汇率贬值、出口需求提高,这是比封闭经济情形稍微复杂一些的影响渠道。

二、政策

利用上述的均衡分析框架,可以分析总需求政策对产出、价格、汇率和净出口的影响。首先,财政政策对产出和价格的影响与封闭经济是一致的。如图 14-4 和图 14-5 所示,财政政策扩张,将提高计划支出,进而提高产出水平。根据图 16-6,财政政策扩张提高总需求的同时也会导致价格上升。

财政政策扩张在封闭经济下将产生挤出效应,即财政政策扩张使银行信贷更多投入政府支出或者居民消费中,导致企业贷款成本也就是利率提高,从而挤出了企业投资。在开放宏观经济中,这一挤出效应同样存在,并且还存在另一种挤出效应。利率的提高促进了资本净流入,造成汇率升值,这就会抑制出口需求,从而挤出了净出口。因此,开放宏观经济中,财政政策扩张不但会提高利率,挤出投资,而且会提高汇率,挤出净出口。

其次,货币政策对产出和价格的影响与封闭经济也是一致的。如图 18-3 左图所示,货币政策扩张,货币供给增加,此时货币市场均衡利率将会下降,同时导致资本净流出,汇率贬值。如图 18-3 右图所示,利率下降将促进企业投资,汇率贬值将增加净出口,这都会提高计划支出,最终提高产出水平。根据图 16-6,货币政策扩张提高总需求的同时也会导致价格上升。可以看到,在开放宏观经济中,货币政策的影响机制除了导致利率下降、提高投资需求这一类似于封闭经济的渠道,还多了导致汇率贬值、提高出口需求的渠道。

在开放宏观经济中,除了财政政策和货币政策,政策制定者还可以采用贸易政策和汇率政策来影响经济。贸易政策是政府采用进口关税、出口补贴、贸易配额或严格审查等工具,直接影响进出口贸易。如果政府提高进口关税,实行出口补贴,限制进口配额或严格进口审查,那么通常称为政府的贸易保护力度加强,这些贸易政策都会直接提高净出口。

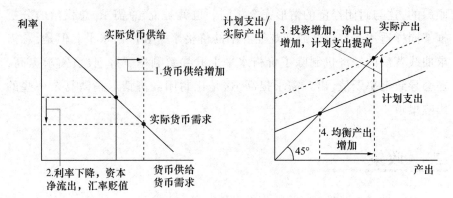

图 18-3　货币供给增加的影响

根据图 18-1，贸易政策加强了贸易保护力度，将会通过提高出口需求、抑制进口需求来提高计划支出和总产出。根据图 16-6，这一政策会在提高总需求的同时提高价格水平。但是，与财政政策扩张类似，这一政策会影响到利率和汇率。由于产出和出口提高，市场交易更加活跃，货币需求就会上升，从而提高利率。利率提高的同时也会吸引国外资本流入，从而使汇率升值。因此，这一政策将提高利率抑制企业投资，提高汇率抑制净出口，这将部分抵消贸易保护政策通过净出口对产出产生的正向影响。

现实中贸易保护政策的影响比理论更加复杂。首先，如果一个国家加强贸易保护，很可能会导致贸易伙伴国采取针对性的贸易保护政策，那么这个国家的净出口未必会提高。比如，一个国家加征关税，提高了进口品价格，抑制了进口品需求，但同时贸易伙伴国也加征关税，就会抑制该国的出口品需求，因此对净出口的影响还取决于该国进口需求和出口需求对于价格的敏感程度。如果这个国家的进口需求对价格的反应不敏感，那么加征关税就不会显著降低进口需求，反而使得该国的企业或居民支付了更多的税收。

其次，提高关税的贸易保护政策还会直接提高进口品价格，而部分进口品是用于生产的资本品或中间品，于是企业的生产成本将会提高。这相当于产生了总供给冲击，将对产出形成负向影响，同时推高通货膨胀。

汇率政策是指央行通过干预外汇市场来影响一国的汇率水平。如果一国央行把汇率固定在某一水平，就称该国实行了固定汇率制。如果一国央行不干预汇率，放任汇率波动，那么该国就实行了浮动汇率制。

央行使用货币政策来固定汇率。如果汇率高于目标汇率，央行就会在外汇市场卖出本币,买入外币,从而提高本币供给,降低汇率,直至达到目标汇率。在此过程中,央行提高了货币供给,于是利率降低,促使资本流出,从而进一步降低汇率。如果汇率低于目标汇率,央行就会在外汇市场卖出外币,买入本币,从而提高本币需求,提高汇率,直至达到目标汇率。在此过程中,央行降低了货币供给,于是利率提高,促使资本流入,从而进一步提高汇率。

可以看到,央行固定汇率的同时必须相应调整货币供给,这意味着央行失去了独立货币政策。所谓独立货币政策,就是央行可以自由调整货币供给。但是在固定汇率制下,如果央行增加货币供给,利率就会下降,导致资本流出,汇率贬值。为了固定汇率,央行必须在外汇市场买入本币,卖出外币,因此增加的货币供给又会被央行回收。反之,如果央行减少货币供给,利率就会上升,导致资本流入,汇率升值。为了固定汇率,央行必须在外汇市场买入外币,卖出本币,因此减少的货币供给又会被央行投入市场。总之,央行改变货币供给后,为了固定汇率,央行又必须反向调整货币供给,最终货币供给并不会变化,否则汇率就会波动,也就不是固定汇率制了。

上述关系可以由不可能三角形来刻画。如图18-4所示,央行可以有独立货币政策、固定汇率和资本自由流动这三个政策目标,这构成了三角形的三个角。不可能三角形意味着央行只能达到该三角形一条边两端的两个角的目标,此时与这条边相对的角的目标就无法达到。比如,如果央行固定汇率,资本又可以自由流动,那么央行就无法达到独立货币政策这个目标,这个实例就是中国香港地区。反之,如果央行有独立货币政策,资本又可以自由

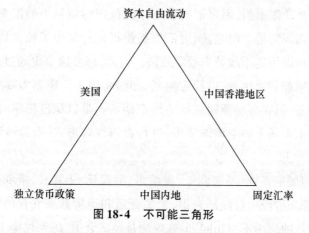

图18-4 不可能三角形

流动,那么就无法固定汇率,这个实例就是美国。而如果央行固定汇率,又有独立货币政策,那么央行就必须限制资本自由流动,这个实例就是中国内地。

央行可以用汇率政策来影响经济。比如,央行通过影响外汇市场,使得本币贬值,这将刺激出口,提高总需求和产出。但是一般而言央行不会轻易使本币贬值。原因在于,汇率贬值意味着外国能够以更低廉的价格购买本国生产要素创造的产品,本国必须投入更多的生产资源才能换取外国生产资源的产出,这降低了本国在国际贸易中的收益。而且,如果汇率大幅贬值,国外资本在本国投资的收益折换成外币就会减少,为了避免额外的损失,资本就会尽快流出。资本流出会加快汇率贬值,一旦贬值预期形成,外汇市场参与者就会更快抛售本币,从而进一步拉低汇率。因此,汇率贬值可能会形成恶性循环,导致汇率持续大幅贬值。

汇率大幅贬值会带来很多负面影响。汇率贬值导致资本流出本国,不利于本国投资。汇率贬值还提高了外债的还债成本,加重了企业债务,不利于企业支出,也会催生金融风险。汇率贬值还会提高进口品价格,形成供给冲击,提高企业生产成本,带来通货膨胀。

总之,央行不会轻易采用汇率贬值政策来影响经济,反而是把汇率稳定作为目标之一。而且,当一国汇率出现贬值、央行希望稳定汇率时,央行必须在外汇市场上卖出外币,买入本币。这意味着央行需要保有足够多的外汇储备,以在汇率贬值时抛售外汇储备买入本币。因此,外汇储备也是一国央行稳定汇率,避免汇率大幅波动的保证。

相对于浮动汇率制,固定汇率制可以降低国际贸易中的汇率波动风险,有利于促进国际贸易。但是,固定汇率制使得央行失去了独立货币政策,在经济危机时难以用货币政策来稳定经济。当然,部分国家也通过固定汇率防止央行过快增加货币供给,以稳定通货。此外,固定汇率制需要央行保有一定的外汇储备,但在市场预期央行的外汇储备不足以稳定汇率时,市场投机者就会在外汇市场上做空该国货币,进行投机性攻击,这会给该国的汇率稳定造成很大冲击。

泰国、印度尼西亚、马来西亚、墨西哥、阿根廷、土耳其、俄罗斯等新兴市场化国家,都先后经历过经济衰退、汇率贬值和通货膨胀并存的危机。虽然导致经济危机的原因不尽相同,但表现均是经济衰退,国家风险上升,导致资本大幅流出,汇率开始贬值。汇率贬值提高了进口品价格,提高了通货膨胀;汇率贬值还加大了对外债务负担,又进一步降低了总支出。经济衰退和通货膨胀使得资本更快流出,造成了汇率更大幅度的贬值,经济陷入了恶性循环。其中,短期内汇率大幅贬值是重要的催化剂。虽然这些国家试图稳定汇率,但并不足以应对国际资本短期内大幅流出。因此,新兴市场化国家过快开放资本账户,使稳定汇率变得更加困难。

事实上,全球没有一个国家实行完全的浮动汇率制或固定汇率制。即使一国实行了浮动汇率制,央行也会在必要时干预外汇市场以稳定汇率。即使一国实行了固定汇率制,汇率也仍然会在一个相对较小的范围内波动。

中国目前采用了有管理的浮动汇率制度,即人民币汇率在中国国家外汇管理局确定的中间价的指导下由外汇市场供需决定。在每个交易日,央行确定人民币汇率中间价,交易过程中人民币汇率只能在中间价上下一定范围内波动。每日人民币汇率中间价由上一日人民币汇率的收盘价和一篮子货币的汇率变化情况来确定。

图 18-5 给出了人民币兑美元即期汇率变化情况。注意到由于采用了直接标价法,纵坐标是反向标注。可以看到,在 2005 年"721 汇改"之前,人民币汇率是钉住美元的固定汇率制。2005 年"721 汇改"确立了有管理的浮动汇率制,允许汇率逐步变动,强调了人民币汇率中间价不仅要参考兑美元的汇率,而且也要参考兑一篮子货币的汇率。从 2005 年 7 月到 2013 年年底,

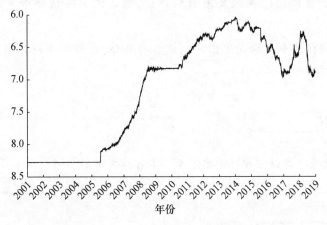

图 18-5　人民币兑美元即期汇率变化情况

数据来源:中国货币网。

人民币兑美元汇率持续升值,其中美国金融危机期间维持了一段时期的稳定。2014年起人民币兑美元汇率停止升值。在2015年"811汇改"后,强调了人民币中间价要更多地参考上日收盘价,人民币兑美元汇率转为贬值。2017年5月在人民币中间价的定价规则中引入逆周期调节因子,允许央行根据经济金融周期来主动调节人民币汇率,人民币兑美元汇率又再次转为升值。2018年3月中美贸易摩擦爆发后,人民币兑美元汇率又转为贬值。根据不可能三角形,随着中国逐步放开对外资本账户,中国汇率波动幅度也会扩大,央行也将更难固定汇率。

本章小结

1. 开放宏观经济中,总需求和价格水平的负向关系还体现在价格水平下降,利率下降,导致汇率贬值,刺激了净出口,从而提高了总需求。

2. 开放宏观经济中,货币政策和财政政策还会通过影响汇率影响产出。

3. 开放宏观经济中,贸易保护政策将提高汇率,导致贸易伙伴国采取有针对性的贸易保护政策,提高进口品价格等,这些因素均会抵消政策对净出口和产出的正向影响。

4. 不可能三角形意味着央行只能达到独立货币政策、固定汇率和资本自由流动三个政策目标中的两个,无法全部达到。

5. 央行可以用汇率政策来影响产出,但是汇率贬值会带来很多负面影响。

6. 浮动汇率制度和固定汇率制度各有利弊,在新兴市场化国家不宜过快开放资本账户。

关键术语

贸易政策　浮动汇率　固定汇率　不可能三角形

思考题

1. 把本章所有的数据图更新到最新年度、季度或者月度。

2. 近期中国和贸易伙伴国采取了哪些贸易政策？这些政策对经济将产生什么影响？

3. 近期中国的财政政策、货币政策对进出口贸易和汇率产生了什么影响？

4. 中国应当采取什么样的汇率制度？中国资本账户是否应当继续开放？

专题五：中国对外经济数据结构

本专题主要介绍中国对外经济数据结构。如图 A5 所示，中国对外经济数据可以大致分为国际收支、汇率和外汇储备三个方面。

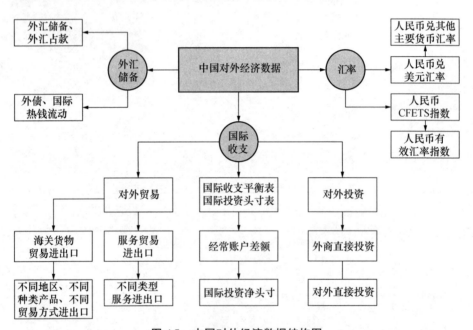

图 A5 中国对外经济数据结构图

第一，国际收支方面，主要分为对外贸易、国际收支平衡表和国际投资头寸表、对外投资三个部分，反映了中国面临的国际市场需求变化、国际资本流动等。对外贸易数据包括海关货物贸易进出口数据和服务贸易进出口数据。海关货物进出口情况的分项数据包括中国对其他不同国家和地区、不同种类产品、不同贸易方式的进出口情况，服务贸易进出口情况的分项数据包括不同类型服务的进出口情况，这些均有助于把握对外贸易变化的具体来源。国际收支平衡表和国际投资头寸表给出了中国经常账户差额和国际投资净头寸等数据,其中经常账户变动与对外贸易数据相互印证。对外投资数据包括外商直接投资和对外直接投资情况,与国际收支平衡表和国际投资头寸表中的相关数据相互印证。

第二,汇率方面,主要分为人民币兑美元等主要货币汇率和人民币CFETS指数两类。人民币兑美元汇率与美元指数相关,同时还可以关注人民币兑欧元、日元等主要货币汇率,二者之间的走势可能会有差别。人民币CFETS指数和人民币有效汇率指数能够反映人民币的整体汇率波动,与人民币兑主要货币汇率相互印证。

第三,外汇储备方面,主要分为外汇储备和外汇占款、外债和国际热钱流动两类。外汇储备和外汇占款是衡量外汇储备的两个主要指标,二者的变化情况有时也会有差别。外债变化会影响外汇储备的合意水平,也会影响国际资本流入,进而影响到汇率波动。国际热钱流动数据反映了国际资本对中国经济的预期,与资本账户管控相关,也会影响到外汇储备和汇率。

常用网站和数据资料五

海关总署网站和商务部网站

(http://www.customs.gov.cn/;http://dwtztj.hzs.mofcom.gov.cn/)

海关总署网站每月上旬或月中发布上一月的中国货物进出口贸易数据,商务部网站每月月中发布上一月的中国对外投资和吸收外资数据。商务部每月还会发布中国服务贸易数据,但这一数据发布相对滞后,当月的服务贸易数据通常要等到一个半月左右才会发布。

国家外汇管理局网站和中国货币网

(http://www.safe.gov.cn/;http://www.chinamoney.com.cn/chinese/)

国家外汇管理局网站每月发布中国外汇储备、银行代客结售汇、人民币汇率、国际货物和服务贸易数据,每季度发布中国国际收支平衡表、国际投资头寸表和外债数据。中国货币网发布货币市场、债券市场、外汇市场的主要指标,包括同业利率、人民币汇率等。

教辅申请说明

　　北京大学出版社本着"教材优先、学术为本"的出版宗旨，竭诚为广大高等院校师生服务。为更有针对性地提供服务，请您按照以下步骤通过**微信**提交教辅申请，我们会在 1~2 个工作日内将配套教辅资料发送到您的邮箱。

◎扫描下方二维码，或直接微信搜索公众号"北京大学经管书苑"，进行关注；

◎点击菜单栏"在线申请"—"教辅申请"，出现如右下界面：

◎将表格上的信息填写准确、完整后，点击提交；

◎信息核对无误后，教辅资源会及时发送给您；如果填写有问题，工作人员会同您联系。

温馨提示：如果您不使用微信，则可以通过以下联系方式（任选其一），将您的姓名、院校、邮箱及教材使用信息反馈给我们，工作人员会同您进一步联系。

联系方式：

北京大学出版社经济与管理图书事业部

通信地址：北京市海淀区成府路 205 号，100871

电子邮箱：　em@pup.cn

电　　话：　010-62767312 /62757146

微　　信：　北京大学经管书苑（pupembook）

网　　址：　www.pup.cn